Dire *Oui* au changement

Dire *Oui* au changement

La sagesse d'entreprendre une nouvelle vie

**JOAN Z. BORYSENKO, Ph.D.,
et GORDON F. DVEIRIN, Ed.D.**

Traduit de l'anglais
par Patrice Nadeau

Copyright © 2006 par Joan Borysenko et Gordon Dveirin
Titre original anglais : Saying yes to change
Copyright © 2007 Éditions AdA Inc. pour la traduction française
Cette publication est publiée en accord avec Hay House, Inc.,

Syntonisez Radio Hay House à www.hayhouseradio.com

Éditeur : François Doucet
Traduction : Patrice Nadeau
Révision linguistique : Johanne St-Martin
Révision : Nancy Coulombe, Suzanne Turcotte, Marie-Lise Poirier
Montage de la couverture : Matthieu Fortin
Mise en page : Sylvie Valois
ISBN 978-2-89565-487-2
Première impression : 2007
Dépôt légal : 2007
Bibliothèque et Archives nationales du Québec
Bibliothèque Nationale du Canada

Éditions AdA Inc.
1385, boul. Lionel-Boulet
Varennes, Québec, Canada, J3X 1P7
Téléphone : 450-929-0296
Télécopieur : 450-929-0220
www.ada-inc.com
info@ada-inc.com

Diffusion
Canada :   Éditions AdA Inc.
France :   D.G. Diffusion
                ZI de Bogues
                31750 Escalquens Cedex-France
                Téléphone : 05.61.00.09.99
Suisse :   Transat - 23.42.77.40
Belgique :   D.G. Diffusion - 05.61.00.09.99

Imprimé au Canada

Participation de la SODEC.
Nous reconnaissons l'aide financière du gouvernement du Canada par l'entremise du Programme d'aide au développement de l'industrie de l'édition (PADIÉ) pour nos activités d'édition.
Gouvernement du Québec - Programme de crédit d'impôt pour l'édition de livres - Gestion SODEC.

Catalogage avant publication de Bibliothèque et Archives Canada

Borysenko, Joan

Dire oui au changement : la sagesse d'entreprendre une nouvelle vie

Traduction de: Saying yes to change.

Doit être acc. d'un disque son.

ISBN 978-2-89565-487-2

1. Changement (Psychologie). 2. Actualisation de soi. 3. Autodéveloppement. 4. Méditation. I. Dveirin, Gordon F. II. Titre.

BF637.C4B6714 2007   155.2'4   C2007-940479-0

À nos enfants et petits-enfants :

Justin, Regina et le petit Eddie ;

Ben, Shala et Emma ;

Andrei et Nadia ;

Natalia, Shawn et Alex

Table des *Matières*

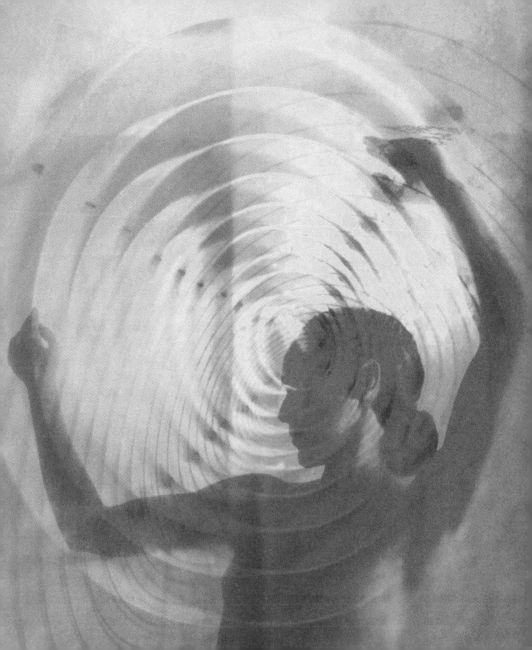

Préface

Une parabole

Un jour, l'Ange de la Mort vint sur la Terre afin d'accompagner un saint homme à son retour au paradis. Dieu, l'Esprit de l'Amour et de la Connaissance, ordonna à l'Ange de lui accorder toute faveur qu'il choisirait, puisqu'il avait une âme pure et qu'il avait consacré sa vie à la compassion. Le vœu le plus fervent du saint homme était que Dieu mette à l'écart l'Ange de la Mort, de telle sorte que tous puissent vivre éternellement dans un monde de paix, prévisible et sans changement.

Dès que son souhait fut exaucé, la vie sur Terre s'immobilisa. Les graines, incapables de mourir et de se défaire de leur enveloppe, ne furent plus en mesure de libérer leur vitalité dans de nouvelles pousses. Les nuages blancs se fixèrent dans un ciel immuable et figé. Ils refusèrent dorénavant leur humidité vivifiante à la terre desséchée, cuisant sous les rayons d'un soleil qui ne se couchait plus jamais. Le doux sein de la nuit duquel la vie émerge chaque matin fut condamné à l'exil par un jour sans fin. Les œufs et le sperme, privés de l'union extatique qui crée la vie nouvelle, se languissaient dans l'isolement. Bientôt, les habitants affamés d'un monde immuable devinrent hagards et désespérés, prisonniers d'une misère perpétuelle.

Le désir du sage de rendre tous les êtres heureux en les préservant de la mort avait, par mégarde, causé l'holocauste de toute vie. Alors qu'il observait l'agonie de l'immobilité qui se jouait devant lui, l'homme au regard consterné était maintenant rongé de remords. Il comprit que l'attachement à ce qui est, si précieux soit-il, exclut la possibilité de s'abandonner à la fraîcheur de la création. Sachant maintenant que la mort est la mère de la vie, il supplia l'Ange de reprendre sa ronde.

Les mystères du changement que le saint homme venait de comprendre sont connus dans les traditions de sagesse de toutes les cultures. Ce sont ces idées qui vous seront présentées dans ce livre, afin que le changement puisse vous servir de guide sur le chemin de votre moi le plus lumineux, le plus sage et le plus compatissant.

Comment ce *livre* est-il né?

Par
Joan Borysenko

Écrire un livre est une rude besogne. Celui-ci est mon douzième et chacun d'eux semble être plus difficile que le précédent. Mais cette fois-ci, les circonstances sortaient vraiment de l'ordinaire. Mon mari, Gordon, et moi avons animé un séminaire sur la sagesse du changement et nous avons décidé qu'il serait emballant d'écrire sur ce sujet ensemble. Nous n'étions mariés que depuis deux semaines à peine lorsque nous nous sommes naïvement installés devant nos ordinateurs, les mains fébrilement tendues vers nos claviers respectifs, prêts à nous lancer dans une merveilleuse expérience de co-création littéraire. L'expérience nous a ramenés sur terre, mais, heureusement, nous sommes toujours mariés et nous planifions même l'écriture d'un autre livre. Toutefois, avant que vous n'entrepreniez la lecture de *celui-ci*, nous avons cru qu'il vous serait utile d'en savoir un peu plus à notre sujet et sur notre processus de rédaction, afin de vous aider à vous identifier avec nos voix respectives dans le texte.

Gordon est un consultant en développement organisationnel, qu'on appelle parfois agent de changement. On a recours à ses services pour bousculer les idées reçues et faciliter les communications, lorsque les organisations sont coincées dans une ornière ou en quête d'une nouvelle vision. Il a aussi été étudiant de l'approche dite du « Diamant » de l'école de Ridhwan, pendant plus de vingt ans.

De mon côté, je suis une psychologue, une scientifique médicale, une conférencière et une auteure que l'on se plaît à décrire comme « psycho-immunologiste d'inspiration juive, bouddhiste, hindouiste, chrétienne, sufi et amérindienne ». J'ai déjà écrit 11 livres auparavant et je rédige une chronique mensuelle intitulée « Votre équilibre » dans le magazine *Prevention*. Mon style d'écriture est très pratique, personnel et gentiment irrévérencieux. C'est le seul que je connaisse et, bien que je sois une candidate bien improbable au Prix Pulitzer, je reconnais que je tiens à ce que je sais faire.

Gordon, qui a été formé à la critique littéraire et à l'histoire des idées, ainsi qu'au développement des organisations, possède un style plus abstrait et poétique. En fait, lire ses chapitres à voix haute vous donnera une impression très différente de celle que vous obtiendrez par une lecture silencieuse.

Mon mari est une intarissable source d'informations. Une simple réflexion l'entraînera (et vous également) dans les profondeurs de *l'Enfer* de Dante, sur les hauteurs des *Quatre Quatuors* de T.S. Eliot ou sur les traces de Thésée dans le labyrinthe. Quand on nous demandait de quelle manière le livre progressait lorsque nous l'écrivions, je répondais souvent : « Imaginez la rencontre de Peanuts avec Kierkegaard. » La crainte de Gordon était d'écrire un livre trop superficiel ; la mienne, d'en faire un trop profond et abstrait. Notre espoir commun était qu'il soit vrai et authentique.

En progressant dans votre lecture, vous noterez que les chapitres présentent trois voix différentes : la mienne est identifiée par les initiales JB ; celle de Gordon, par GD ; et la nôtre par l'absence d'initiales tout simplement. Nous avons adopté ce système parce qu'il préserve nos styles distincts et en raison de la sensibilité unique que les deux sexes peuvent offrir.

Les pires moments de Gordon ont été ceux où j'ai essayé de modifier ses passages et de transformer sa voix masculine en voix féminine ; les miens sont survenus lorsqu'il me semblait que nous n'avions plus de voix du tout. En dépit (ou en raison) de tous ces écueils, la rédaction de ce livre a été une expérience qui nous a transformés. Elle nous a enseigné la collaboration, alors que nous luttions pour trouver un véritable *nous* sans perdre le sens de notre individualité. En concevant chaque chapitre ensemble, discutant chaque point en détail, nous avons tous les deux appris énormément. Nous sommes reconnaissants à la maison Hay House de nous avoir offert cette chance — et à vous, pour la confiance que vous nous témoignez en lisant ce que nous avons écrit.

Introduction

Deux genres d'histoire

La légende sous l'une de nos bandes dessinées préférées du New Yorker se lit comme suit : « Un homme sur le point de croiser son destin. » On y voit un type avançant gaiement dans une rue parfaitement dégagée... hélas ! un énorme rhinocéros galopant à vive allure vers l'intersection suivante entrera en collision avec lui dans un bref instant.

Ainsi va la vie. Pendant notre bref séjour sur Terre, nous faisons tous face au changement sous une multitude de formes. Certains événements présentent la violence sismique des rencontres avec le destin, tandis que d'autres s'inscrivent dans le cours normal des choses (bien qu'ils soient aussi difficiles à accepter). Nous, les êtres humains, sommes des créatures d'habitudes, en sûreté dans ce qui est familier, redoutant quasi universellement le changement — celui qui n'est pas désiré du moins. Même les transitions absolument nécessaires sont difficiles à effectuer ; par conséquent, la plupart d'entre nous ont vécu l'expérience de stagner trop longtemps dans des situations éprouvantes.

Dire *Oui* au changement, comme le titre du livre le suggère, est une invitation à la foi — non de la sorte qui repose sur une doctrine —, mais celle enracinée dans le développement assuré de notre vie intérieure. Dans ce processus, notre vraie noblesse, la sagesse et la compassion de notre nature humaine émergent graduellement.

La transformation est une promesse de renouvellement que l'on retrouve dans les récits de toutes les époques. Le jeune prince Siddhartha quitte son luxueux palais pour se faire mendiant, errant sur les routes et réalisant sa destinée de Bouddha. Christopher Reeve fait une chute de cheval et devient paraplégique, mais, plutôt que de choisir la dépression, il opte pour la vie. Son caractère avenant, sa compassion et son désir d'aider son prochain l'ont transformé en vrai Superman.

Nous allons voir des films inspirants, nous lisons des livres et nous réfléchissons au sens de la vie parce que nous aspirons à être transformés nous aussi. Bien sûr, peu d'entre nous choisiraient de vivre une rencontre avec le destin comme celle que Reeve a connue. Pourtant, un changement bouleversant est souvent le meilleur professeur qui soit. Les histoires qui déclenchent les frissons d'une identification immédiate avec la nôtre, nous insufflant l'espoir que nous pourrions transcender la souffrance à notre tour, sont celles où l'équilibre des forces est renversé. L'importance des événements extérieurs, qui « surviennent », est minimisée au profit d'un style de questionnement intérieur et de réflexions qui jettent sur ces mêmes événements un éclairage nouveau.

Les récits intérieurs ne jouent pas un rôle généralement très important dans notre monde de « héros d'action » superficiels, où la réflexion semble étrangement déplacée — autrement dit, nous préférons Rambo à Hamlet. En 1992, le colistier de Ross Perot, le héros de guerre décoré et Vice-Amiral, James B. Stockdale, parut étrange en posant, lors d'un débat télévisé, ces questions éminemment spirituelles : « Qui suis-je et pourquoi suis-je ici ? » Si *lui-même* l'ignore, sembla s'interroger l'auditoire sceptique, alors pourquoi devrions-nous voter pour lui ? Mais c'est ainsi qu'il choisit de commencer sa présentation.

Les histoires par lesquelles nous nous expliquons les grands virages de notre vie sont très révélatrices. Il existe essentiellement deux manières diamétralement opposées de relater nos expériences. La première fait la chronique de nos entreprises vues *de l'extérieur* : là où nous allons, ce que nous souhaitons y trouver et les frustrations vécues en cours de route. La seconde s'intéresse à l'expérience *intérieure* qui se développe. Elle décrit la personne que nous devenons, notre croissance intérieure dans le royaume de l'être et notre voyage à la découverte de ce qui est le plus significatif et le plus précieux à nos yeux. Cela inclut souvent une rencontre avec la sagesse millénaire évoquée par Stockdale.

Les histoires vues de l'extérieur sont linéaires : elles se déroulent horizontalement sur l'axe du temps chronologique, du passé vers le présent en direction du futur. Il s'agit là du plan normal de l'expérience humaine. Les récits intérieurs, par contre, commencent par la fin et transcendent complètement l'échelle du temps (*chronos*). Ils surgissent dans une dimension entièrement nouvelle (*kairos*), où le temps chronométré est suspendu en faveur de la présence éternelle, du royaume intemporel de l'ici-et-maintenant. C'est là que les miracles apparents surviennent : la synchronicité nous guide, des alliés inattendus apparaissent et la trame du temps linéaire est déchirée par une réalité nouvelle et puissante dont la force nous dirige.

Puisque le changement est une transition durant laquelle nous passons de ce qui est vers ce qui sera, du monde de *chronos* vers le monde non linéaire de *kairos*, il s'apparente à un rite initiatique de passage. Dans ce livre, nous approfondirons les questions essentielles qui surgissent lors de chacun des trois stades du rite de passage classique, que le mythologiste Joseph Campbell appelle « l'Odyssée du Héros ». Accueillir avec curiosité et ouverture d'esprit les questions qui surgissent lorsque le monde s'écroule autour de nous — ou lorsque nous nous effondrons nous-mêmes — est l'essence du courage et de la découverte de soi. Ce chemin vers la transformation ne requiert aucun dogme, juste l'engagement d'être authentiquement présent à ce qui survient dans notre propre expérience.

Le CD qui accompagne *Dire Oui au changement* contient un exercice de méditation conçu pour vous aider à vivre pleinement le moment présent en développement. Sa pratique quotidienne vous aidera aussi à vous détendre, permettant à votre sagesse intérieure d'émerger. L'autre exercice que vous y trouverez s'intitule *Questionnement*. La plupart des chapitres sont structurés autour d'une ou de quelques questions de base, auxquelles vous chercherez des réponses dans votre expérience. C'est cette invitation à la réflexion personnelle qui est au cœur de ce livre.

Lire un texte et comprendre les principes abstraits qu'il contient est très différent de la connaissance concrète et intime d'un sujet, provenant de l'expérience vécue. À cette fin, une invitation à participer activement à l'expérience est ajoutée à la fin de chaque chapitre, dans la section intitulée « Réflexions personnelles ». Nous vous suggérons d'exprimer vos pensées sur les questions de sagesse essentielles soulevées à la fin de chaque chapitre dans un journal ou un carnet de notes qui sera entièrement dédié à votre réflexion sur le processus de changement. Vous pourrez ainsi relire vos impressions et en ajouter de nouvelles quand vous le voudrez. Si vous vivez une nouvelle transition plus tard, vous pourrez relire vos réflexions et les appliquer à votre situation courante. Dire *Oui* au changement ne consiste pas à ingérer la sagesse de quelqu'un d'autre… il s'agit de trouver la vôtre.

La plupart des chapitres portent sur l'intelligence de la transition, ce moment où votre ancienne histoire s'est arrêtée, mais avant que la nouvelle n'ait vraiment commencé. Il n'y a pas de sentiers tout tracés pour cheminer dans la jungle du changement et vous seul pouvez trouver celui qui vous convient. Les sujets que nous avons choisi d'inclure s'appliquent à un vaste éventail de situations, depuis le deuil d'une perte douloureuse jusqu'à la compréhension du courage. Ils peuvent être lus isolément et dans n'importe quel ordre. Nous espérons que, grâce à cette organisation, ce livre vous sera aussi utile dans le futur, alors que votre situation évoluera et que de nouveaux thèmes de réflexion émergeront.

Et, sur ce, apprenons maintenant à *dire oui au changement*.

Chapitre 1

L'intelligence naturelle *qui* *guide* *la* transformation

JB : Ma thèse de doctorat portait sur la transformation biologique et le processus par lequel l'intelligence cachée dans chaque cellule communique avec l'entité entière lorsque le changement survient. J'ai rempli un réservoir avec l'eau d'une mare locale grouillante de têtards et je les ai étudiés périodiquement, alors qu'ils se métamorphosaient lentement en grenouilles. La même question qui guidait mes recherches alors m'interpelle toujours aujourd'hui : *quelle est l'intelligence naturelle qui guide la transformation ?*

Les têtards sont fascinants à observer. Ce sont des artistes accomplis du changement, des maîtres en matière de transformations subtiles et inattendues. Merveilles marines parfaitement conçues, les têtards sont pourvus d'une grosse tête et d'une queue gracieuse et effilée, ce qui leur permet d'évoluer avec aisance dans leur milieu. Puis, un jour, sans que rien le laisse présager, la minuscule créature commence à changer : sa queue raccourcit, absorbée par le corps, tandis que quatre petits membres se mettent à bourgeonner.

Jour après jour, des membres postérieurs puissants et de délicates pattes antérieures prennent forme, une véritable sculpture en progression. Indifférent en apparence à cette étonnante reconstruction interne et externe, le têtard continue de nager, de manger et de se reposer jusqu'à sa transformation complète en amphibien capable d'évoluer tant dans l'eau qu'à l'air libre, un véritable chef-d'œuvre de la création. D'un point de vue humain en tout cas, ce processus élégant survient organiquement et graduellement, sans agitation ni traumatisme indu.

Les chenilles se métamorphosent en papillons d'une manière bien plus surprenante. Un jour, la chenille se surprend à tisser une chrysalide — un moment, elle rampe en broutant des feuilles et, au suivant, on la retrouve suspendue à un fil, emprisonnée dans un cercueil de soie. Contrairement au têtard, elle ne se contente pas d'attendre que de nouveaux membres poussent, lui permettant de s'élancer ensuite sans effort vers le ciel. À la place, de nouvelles cellules, appelées « cellules imaginales », commencent à se multiplier à l'intérieur d'elle-même. Son système immunitaire entre alors en pleine activité, essayant désespérément d'annihiler les envahisseurs apparents. Ses cellules imaginales se multiplient, écrasant un système immunitaire impuissant à arrêter leur marche ; en fait, la pauvre petite créature se liquéfie, tandis que ses propres cellules imaginales se nourrissent à même ce « bouillon » de chenille. Triomphantes, elles se rassemblent en une communauté et se différencient pour former une toute nouvelle créature : une beauté ailée fantasmagorique appelée papillon.

Depuis sa naissance, la chenille possédait en elle les germes de la transformation, les cellules imaginales. Mais elle devait mourir complètement à son existence précédente pour naître dans la nouvelle forme, qui était sa véritable nature, son essence et sa destinée. Peut-être sommes-nous semblables à nos sœurs ailées, en ce sens qu'il y a des graines essentielles d'humanité enfouies en nous, qui grandissent et se développent dans la foulée de crises et de changements qui bouleversent notre vie.

Tout bien pensé, je préférerais me transformer comme le font les têtards, mais personne ne m'a jamais demandé mon avis là-dessus. En jetant un regard rétrospectif sur mes 60 années de vie, il est plus facile d'y voir une succession de désintégrations à la manière des chenilles : des divorces, des trahisons et la mort profondément bouleversante du meilleur ami de mon fils dans un accident de la route alors qu'il était à peine âgé de 17 ans. Il est plus difficile de reconnaître les petites transformations, à l'exemple de celles que connaissent les têtards, qui nous rendent entre autres plus patients, reconnaissants et perspicaces.

Le grand philosophe américain, le fondateur de la psychologie moderne, William James, a souligné un jour que les êtres humains se transforment aussi bien par *crises* soudaines que par *lyses* (un processus de désintégration ou de dissolution). Une question d'un intérêt capital pour moi est de savoir ce qui peut bien animer ces deux processus. Après tout, nous ne choisissons généralement pas de vivre des crises et nous ne sommes même pas conscients de la *lyse* lorsqu'elle nous aide à nous libérer de notre ancienne peau. Si ces changements ne sont pas initiés consciemment, d'où proviennent-ils alors ? Sont-ils déclenchés par un phénomène apparenté à l'effet de l'hormone *auxis* chez les plantes, qui fait tourner leur tige en direction du soleil, ou s'agit-il d'un mystère plus profond encore ? Où se trouve le fantôme dans la machinerie ?

Nous avons tous observé des touffes d'herbes et des plantes incroyablement vivaces surgir à travers les étroites fissures de trottoirs en ciment… il existe une volonté de vivre que partagent tous les êtres vivants, depuis les minuscules êtres unicellulaires jusqu'aux êtres humains. Toutes les espèces possèdent leur propre génie pour surmonter les obstacles et tendre à la perfection de leur forme. « La force qui, dans la verte fusion, fait éclore la fleur » selon ce vers connu du poète écossais Dylan Thomas, semble s'appliquer aussi bien à l'évolution des humains qu'à celle des plantes. Il y a quelque chose qui nous pousse à déployer notre plein potentiel jusqu'à ce que nous soyons en fleur à notre tour et disséminions les semences d'une vie nouvelle.

Je me souviens d'une entrevue que mon amie et collègue, Jean Houston, un maître authentique du potentiel humain, accordait au psychologue Jeffrey Mishlove dans le cadre de la remarquable série télévisée *Il est permis de penser*, diffusée au réseau PBS jusqu'en 2002. Jean relatait l'histoire de son amitié avec le Jésuite français, paléontologue et philosophe, Pierre Teilhard de Chardin. Elle est littéralement entrée en collision avec lui à Central Park quand elle avait 14 ans et c'est de cette manière que leur longue amitié est née.

« Ces promenades avec de Chardin, expliquait Jean, étaient extraordinaires. Tout s'animait; tout était plein de vie. Il vous regardait comme si vous étiez une sorte de grenier encombré dissimulant l'Être Unique — vous éprouviez la sensation d'être Dieu en visite incognito. Vous vous sentiez dynamisé et renouvelé, plein de potentialités en épanouissement. »

Au cours de cet entretien, Jean évoquait souvent la *semence de Dieu* en nous. Dans cette métaphore, le changement rompt l'enveloppe de cette graine et nous permet de prendre la forme de l'Être Unique que nous étions destinés à devenir, tout comme le gland porte en lui la destinée du chêne. Il s'agit d'une philosophie qui me fait éprouver un vif plaisir et un sentiment d'inclusion lorsque je la lis. Mais pour la prouver, il faut bien sûr la vivre, il ne suffit pas de comprendre la métaphore. Je veux savoir à quoi je ressemblerais et comment je me sentirais si j'étais moi-même l'Être Unique (ou à tout le moins une vague de Son vaste océan). Je veux aussi savoir en quoi cela peut être différent pour vous. Je m'intéresse moins aux généralités qu'à établir un dialogue sincère sur ce que cela signifie, pour chacun de nous, de devenir notre moi authentique, notre unique personnification de Dieu.

L'expression *Être Unique* possède bien sûr une signification différente pour chaque personne. Récemment, un prêtre bien connu que j'admire participait à un dialogue entre chrétiens/ bouddhistes tenu à Boulder, au Colorado, suivi d'un autre, à Denver, entre chrétiens et Juifs. Il mit adroitement de côté la version de notre enfance du « Type dans les cieux », le vénérable barbu tenant un livre noir et, vers la fin de leurs échanges, il était clair que lui et ses deux publics parlaient de la même chose (même si les bouddhistes n'utilisent jamais le mot Dieu). Ils parlaient tous d'une conscience, d'une « Raison d'être », inhérente à chaque personne. La nature de cette conscience — que vous l'appeliez « Dieu », le « Grand Mystère », « Yahweh », ou comme les mystiques juifs, « Ein Sof » (l'infini sans fin) — est la sagesse et la compassion. C'est l'énergie secrète, l'intelligence naturelle qui effectue l'œuvre de transformation en nous, tout en étant la nature de la transformation elle-même.

◦ ◦ ● ◦ ◦

Réflexions personnelles

Vous souvenez-vous d'un moment où le monde, tel que vous le connaissiez, s'est effondré et que vous avez été transformé dans le processus ? Qu'avez-vous éprouvé à ce moment-là ? Comment votre perception du monde a-t-elle irréversiblement changé ? Si vous ne pouvez évoquer une anecdote personnelle, imaginez ou écrivez l'histoire d'un changement significatif survenu dans la vie d'une autre personne, même s'il s'agit d'un personnage de roman ou de film.

Chapitre 2

Les rites de *passage*

« Demain, puis demain, puis demain glisse à petits pas de jour en jour... Et tous nos hiers n'ont fait qu'éclairer pour des fous le chemin de la mort poudreuse. » C'est la description minimaliste que fait Macbeth de la ligne droite de la cause et des effets, de l'usure et des larmes, qui ressemble à « ...une histoire dite par un idiot, pleine de fracas et de furie, et qui ne signifie rien. » Il s'agit d'une vue monotone, répétitive et insensée de l'histoire de nos vies. Vous avancez sur la planche et, parvenu au bout, vous plongez dans la mer. Que vous ayez été bon ou méchant, héroïque ou poltron, est sans importance — la fin, c'est la fin.

Alors, à quel endroit dans cette histoire, ou dans n'importe quelle autre, le changement permet-il la percée vers la transformation ? Et qu'est-ce que la transformation de toute manière ?

Un ami de Joan, Jim Curtan, a présenté une interprétation saisissante du film *Seul au monde,* mettant en vedette Tom Hanks, à l'occasion d'un cours auquel elle assistait. Nous avons alors décidé de le regarder ensemble, afin de suivre la transformation du héros. *Seul au monde* n'est pas seulement l'histoire d'un changement aussi catastrophique qu'inattendu, il s'agit d'une démonstration élégante d'un processus en trois phases, que les anthropologues décrivent comme le rite de passage d'un stade de la vie à un autre.

Le personnage joué par Hanks, Chuck Noland, est un ingénieur de systèmes de la compagnie FedEx, un inlassable abatteur de besognes, les yeux constamment rivés sur le chronomètre, un adorateur au sens métaphorique de Chronos, le Dieu du temps. Tic-tac, tic-tac, tic-tac, ainsi va son esprit et rien n'importe davantage à ses yeux que de retrancher quelques secondes au temps de livraison planétaire des colis. L'aspect relationnel de la vie de Noland est un pâle fantôme, si on le compare au personnage de guerrier surmené de grands chemins qu'il incarne normalement. Il n'a pas de temps à consacrer à la femme qu'il aime, il engouffre sa nourriture sur le pouce et il arrive difficilement à soutenir le regard d'un collègue dont la compagne se meurt d'un cancer. Ce n'est pas un type foncièrement méchant, seulement très préoccupé et inconscient.

L'ancienne vie de Noland prend abruptement fin lorsque l'appareil de la FedEx qui l'emmène en Malaysie s'écrase dans le Pacifique Sud. Il est l'unique survivant de la catastrophe. Abandonné sur une île déserte pendant quatre ans, il a comme seul soutien l'antique montre de poche que sa fiancée lui a donnée pour Noël, le soir de son départ. Le mécanisme a été endommagé lors de l'accident et le temps s'est alors arrêté — au sens propre et au sens figuré.

Chronos a, en effet, été dépouillé de toute pertinence dans la nouvelle dimension où Noland est entré. C'est la photographie de son amour perdu, insérée dans le couvercle du boîtier de sa montre, qui le garde en vie. Plusieurs colis sont rejetés sur la plage par la mer en même temps que lui et l'un d'entre eux contient la seconde source de son salut : un ballon de soccer. Avec le sang qui coule de sa main blessée, Nolan lui dessine un visage et le nomme Wilson (le nom du fabricant du ballon). C'est cet ami imaginaire qui deviendra un élément essentiel de la compassion naissante chez Noland.

Le séjour de quatre ans de Noland dans l'isolement des espaces océaniques est une période de transition. Son ancienne vie a coulé à pic avec l'avion, pourtant, il n'est pas encore réincarné dans une autre existence. Il est dans une sorte de *no man's land*, un lieu de passage où il dispose de tout le loisir voulu pour réfléchir au sens de la vie. La conclusion de sa longue évolution, de l'homme qu'il était vers celui qu'il devient, s'annonce lorsque la carcasse d'une cabine de toilette de l'épave est finalement rejetée sur la plage — il arrive à construire un radeau et il utilise la paroi de plastique léger en guise de voile. La traversée en mer dans sa minuscule embarcation est terrifiante et le moment décisif survient lorsque « Wilson » est emporté hors du radeau à la suite d'une tempête.

Déchiré entre son impulsion de nager vers le large pour secourir son ami et son instinct de vie, qui lui dicte de rester près du radeau, Noland choisit de vivre. Sa douleur est presque intolérable, un tribut à l'humanité qui a grandi en lui pendant son épreuve sur l'île. C'est alors que la magie entre en scène : une baleine veille sur Noland, lui chantant de mystérieux airs d'une grande beauté ; et, finalement, un navire croise sa route juste à temps et le sauve de la mort.

Le Chuck Noland qui revient en Amérique est un homme bien différent de celui qui l'a quittée. Peu après son sauvetage, il peut regarder bien en face l'ami dont la femme est maintenant décédée de son cancer, et, manifestant une profonde humanité, Noland s'excuse de ne pas l'avoir épaulé. Il est devenu un *mensch* : un être humain à part entière, intelligent et compatissant. Entre-temps, sa fiancée, le croyant mort, s'est mariée et a eu un enfant. Leurs

retrouvailles sont poignantes et, bien qu'il soit clair qu'elle aban-
donnerait son mariage pour revenir à lui, il sait qu'elle a trouvé
une nouvelle existence digne d'être honorée.

Seul au monde se termine alors que Noland, maintenant un
être humain réfléchi et mature, se tient debout à l'intersection de
deux routes poussiéreuses de l'arrière-pays, l'endroit même où le
film a débuté. C'est une image profondément symbolique puisque
les deux routes se croisent à angle droit, formant une croix. Le
Père Thomas Keating, un chrétien contemplatif moderne, parle
de la croix comme d'une représentation symbolique de deux mouvements dans nos vies. Son bras horizontal représente la mort de
notre faux soi enchaîné au temps. Il s'agit de l'ego, développé aux
premiers stades de la vie, dont la fonction était de garantir notre
sécurité, en projetant une image conforme aux attentes des autres
afin d'être accepté au sein de la communauté humaine. Le bras
vertical représente la résurrection dans le royaume de *kairos*, le
présent éternel dans lequel réside notre vraie nature.

Le passage d'une dimension à l'autre — du terrifiant monde
matériel de *chronos* à celui, intemporel et rempli de compassion,
de *kairos* — est au cœur du voyage de transformation. Mais
qu'est-ce que cela veut dire en pratique? Comment la transition
d'une histoire à l'autre s'effectue-t-elle? Eh bien, il arrive quelquefois dans la vie, en particulier, lorsque le tapis a été retiré de
sous nos pieds et que nos anciennes manières de penser et d'agir

ne nous sont plus d'aucun secours pour notre sécurité et notre bonheur, que nous ayons une intuition profonde. Un déclic se produit.

Le Roi Lear, par exemple, essayait ridiculement de s'accrocher à ses privilèges royaux et à un sentiment disproportionné de son pouvoir, même si ses plus beaux jours étaient derrière lui et que tous le savaient. Il n'admettait tout simplement pas que l'histoire du Roi était chose du passé. Finalement, puisqu'il fut humilié jusqu'au dénuement par les circonstances de sa vie, sa vraie noblesse émergea. Le personnage central de l'une des plus grandes tragédies de Shakespeare comprit — il eut un éclair de lucidité et osa s'avouer : « Je suis un tendre vieillard, très ridicule. »

À ce moment-là, une transformation étonnante se produisit : l'enveloppe que le Roi Lear avait présentée auparavant au monde en guise d'identité se déchira et se détacha de lui. Derrière celle-ci émergea la perle, la dignité lumineuse de son être sans aucun déguisement. Lear devint vulnérable et humain — la personne qu'il était véritablement — cessant de jouer un rôle. C'est le secret de la transformation : la personne que nous devenons n'est nulle autre que celle que nous sommes vraiment.

Les trois étapes du parcours

Dans les récits de rites de passage, le protagoniste apprend à reconnaître et à réintégrer sa vraie nature par un processus qui comprend trois étapes. D'abord, cette personne est forcée de quitter un monde familier et tout ce qu'elle aimait — la peur et la séparation sont déchirantes et irrévocables. Peut-être avez-vous connu une telle expérience, que ce soit par la perte de votre emploi, une faillite ou un problème de santé sérieux. Lorsqu'on annonce à une personne qu'elle est atteinte du cancer ou du sida, par exemple, on dit souvent que l'effet est le même que si la terre s'était entrouverte pour l'avaler. Plus rien n'est pareil à ce qui était, tout juste un instant auparavant — l'individu est mort à son ancienne identité, mais il ne s'est pas encore réincarné dans l'être qu'il sera un jour. Le fait d'avoir été soudainement catapulté du connu vers le mystère marque la fin de la première étape du processus de transformation.

Dans la seconde phase de la traversée, le protagoniste entre dans un état de transition que l'anthropologue de Cornell, Victor Turner (qui a étudié le rituel de la tribu Ndembu au sud-ouest de la Zambie), appelle la « phase liminale ». L'initié est au pied du *limen*, ou au seuil d'une chose nouvelle, mais il n'est pas encore parvenu à la transformation. Par exemple, le garçon qui quitte la hutte de sa mère pour se faire circoncire dans la forêt n'est plus un garçon, mais il n'est pas encore un homme non plus. Cette étape intermédiaire est un lieu magique où règne le chaos et dans laquelle les lois mêmes de la physique peuvent ne plus avoir cours.

Le scientifique Ilya Prigogine, à la double nationalité belge et américaine, a remporté le Prix Nobel de chimie en 1977 pour sa théorie des « structures dissipatives », qui ouvrait la voie à une nouvelle compréhension de la valeur du chaos. En substance, il posa que le chaos était une force évolutive, par laquelle la désagrégation des anciens systèmes pouvait donner lieu à une percée inattendue et non linéaire, « une fuite vers un ordre supérieur de complexité ». La phase chaotique, transitionnelle, de la traversée du changement est souvent marquée par des bouleversements inhabituels de cette nature. C'est comme si le canevas même du temps et de l'espace se déchirait, permettant à des événements singuliers de se produire.

Les exemples de synchronicité abondent dans la phase de transition du changement, et la guérison et une lucidité nouvelle semblent parfois surgir de nulle part. De nouvelles personnes peuvent apparaître et devenir des alliés dans cette traversée. La sagesse est libre d'apparaître sous des formes archétypales et même magiques en apparence, ce qu'elle fait d'ailleurs. La baleine qui accompagne Chuck Nolan vers la fin de sa phase liminale, alors qu'il est étendu sur son radeau perdu en mer, est un allié peu ordinaire, typique de la sorte de grâce qui apparaît souvent dans le chaos intense.

Franchir la période chaotique et transitoire de la liminalité des rites de passage traditionnels exige de surmonter plusieurs épreuves. Noland doit traverser l'océan à bord d'une frêle embarcation ; Jason doit terrasser les dragons pour parvenir à la Toison d'Or dans la mythologie grecque ; et Blanche Neige doit être empoisonnée et entrer dans un état de mort apparente avant que l'amour ne l'éveille à la vie. L'un des aspects les plus remarquables de ces obstacles est qu'ils ne peuvent être affrontés et vaincus par les moyens habituels dans le monde linéaire de *chronos*. L'initié doit se recueillir et renoncer à sa volonté personnelle, pour se mettre au diapason de la sagesse supérieure de *kairos*. Il s'agit là d'un vrai défi en soi parce que cette démarche est contraire au fonctionnement habituel de l'ego, qui ne connaît que la volonté individuelle pour aller de l'avant. La période de transition, au cours de laquelle nous franchissons le seuil du possible, regorge à la fois de périls et d'occasions uniques. Le danger qui nous guette est de laisser l'anxiété et la dépression l'emporter, et de sombrer dans le découragement. La transition nous offre en même temps l'occasion de nous accomplir.

Le troisième stade du rite de passage est le retour. Le garçon Ndembu, qui a quitté la hutte de sa mère dans la première phase de son voyage, séjourne normalement une année ou deux dans la forêt pour devenir un homme. Au cours de cette période, il apprend des autres hommes ce que cela signifie être un guerrier et un homme de cœur. Il se retire aussi dans la solitude, apprenant à se connaître lui-même (tout comme Chuck Nolan l'a fait). La personne qui rentre finalement de l'initiation n'est plus celle qui s'y était engagée. Le garçon est devenu un homme, porteur d'une authentique sagesse à offrir à sa tribu — le voyageur, ayant trouvé la vraie force, la met au service de sa communauté pour le bien de tous.

Joseph Campbell a appelé la séquence de transformation en trois étapes menant à la réalisation de soi « L'Odyssée du Héros ». Les films produits à Hollywood l'utilisent souvent dans la trame de leur scénario, parce qu'elle suscite la compréhension intuitive que nous assistons à la plus grande histoire jamais racontée : le véritable retour de l'âme au foyer. En interprétant l'histoire du changement dans nos propres vies comme des rites de passage, de telles Odyssées héroïques nous offrent un moyen de nous élever au-dessus des apparences superficielles, qui sont parfois si décourageantes.

Il existe un dicton bouddhiste qui affirme qu'au début du voyage de l'individu à la recherche de sa véritable nature, les montagnes sont des montagnes et les rivières sont des rivières. Au cours du voyage, les montagnes ne sont plus des montagnes et les rivières ne sont plus des rivières. À la fin de la traversée, les montagnes sont à nouveau des montagnes et les rivières sont redevenues des rivières. T.S Eliot exprime merveilleusement le paradoxe de l'expérience de transformation dans *Little Gidding*, le quatrième de ses célèbres *Quatre quatuors* : «... et la fin de toutes nos explorations sera de revenir d'où nous sommes partis, et de connaître cet endroit pour la première fois. »

·•◉•·

Réflexions personnelles

Si vous êtes en ce moment engagé dans un processus de changement, à quel stade du rite de passage en trois parties vous situez-vous ? Avez-vous fait l'expérience de la synchronicité au stade liminal ? Comment, alors que vous êtes dans cette phase de transition, pouvez-vous atteindre un état de sérénité propice aux révélations qui vous guideront ? Et, finalement, comment le changement vous apparaîtrait-il si vous l'envisagiez comme une invitation à la plénitude, une transformation en votre vraie nature ?

Chapitre 3

Le questionnement
comme un
chemin
vers la liberté

JB : Le questionnement est le processus qui consiste à regarder les réalités de la vie avec les yeux grands ouverts. Cela représente l'antidote à l'illusion de savoir, la compétence pour traverser les territoires inconnus du changement et faire de nouvelles découvertes. Les enfants sont naturellement curieux, posant sans cesse des questions sur tout ce qui les entoure — c'est la manifestation d'un instinct puissant qui cherche à déchiffrer la réalité, à voir au-delà des aspects superficiels de la vie, dans toutes ses profondeurs. Des questions telles que : « Où les hirondelles émigrent-elles en hiver ? » ou « Pourquoi les nuages bougent-ils ? » naissent d'un profond désir d'être en communion avec les mystères invisibles du monde naturel.

Par ailleurs, les questions comme : « Pourquoi papa est-il en colère contre toi ? » « Qu'y a-t-il de mal à avoir des relations sexuelles lorsqu'on est encore à l'école secondaire ? » « Pourquoi le terrorisme existe-t-il ? » sont beaucoup plus complexes. Ici, l'enfant s'initie au langage des émotions, à la sensibilité inter-personnelle, à la politique, à l'histoire et à la moralité. Elle est engagée dans le processus de formation des relations conscientes complexes avec un monde en expansion, comportant de mul-tiples niveaux. « Qu'arrive-t-il après la mort ? » ou « Y a-t-il un Dieu ? » sont des interrogations existentielles qui cherchent à nous faire entrer dans une relation plus intime avec l'univers dans son ensemble.

En vieillissant, toutefois, la plupart d'entre nous cessent de poser tant de questions. Nous avons formé nos opinions — et elles nous accompagnent souvent jusque dans la tombe, sans qu'on se soit même donné la peine de les approfondir. Peut-être avons-nous seulement « téléchargé » les opinions de nos parents, de nos professeurs ou celles entendues à la télévision ; mais lorsque nous tentons de les « ouvrir » pour les explorer, nous constatons que les icônes pointent vers des dossiers vides.

J'ai été élevée dans la religion juive dans un quartier catho-lique irlandais de la ville. Un jour, deux garçons m'ont pourchas-sée sur le chemin du retour de l'école en criant : « Allez-vous-en, sales Juifs ! » J'ai répliqué en demandant, au sens littéral comme le font les enfants, ce qu'il y avait de sale chez moi. «Je ne sais pas, grogna un des garçons, c'est mon père qui l'a dit!»

Les opinions sont de puissants facteurs de motivation et de séparation. Si votre perception d'un certain groupe ethnique est négative, vous pourriez être tenté de vous en prendre à ces membres, comme ces garçons l'ont fait avec moi. Peut-être vous en tiendrez-vous à l'écart et vous n'apprendrez jamais à les connaître vraiment. Pourtant, lorsque nous nous isolons, la perte est toujours la nôtre. Sans intimité ni ouverture, il ne peut y avoir aucune évolution et le résultat est que nous demeurons à l'intérieur de notre moi étriqué. Une des réalités de la vie, c'est que nous faisons l'expérience de notre moi le plus grand et le plus authentique en entrant en relation réelle avec les autres.

Le questionnement est, à sa source, une tentative d'établir une relation juste avec son objet. Si les garçons qui me pourchassaient avaient été plus matures (et qu'ils en avaient eu le désir), peut-être auraient-ils été prêts à réfléchir à la question : *pourquoi haïssons-nous les Juifs?* Il est possible que leurs parents ou les prêtres appellent les Juifs «assassins du Christ». S'ils avaient été capables de discernement, ils auraient pu s'interroger : «Mais est-ce cette petite fille-là qui a tué le Christ?» Après quelques questions semblables, l'absurdité de détester un groupe au complet — et une personne inconnue — leur serait peut-être apparue évidente. La frontière artificielle entre «eux» et «nous» s'évanouissant, les garçons auraient pu découvrir une relation enrichissante, une dimension de la vie entièrement extérieure à leur expérience habituelle.

Pourquoi moi ? Pourquoi le malheur s'abat-il sur les honnêtes gens ?

Le changement est un moment propice pour aller au fond des choses et c'est pourquoi il porte la capacité de nous libérer. La question la plus courante que l'on entend à la suite d'une tragédie ou de changements non désirés est la suivante : « Pourquoi moi ? » Il s'agit d'une question pertinente parce qu'elle met en évidence nos croyances sur notre place dans l'univers. Mais il existe une autre question, qui réfute le nombrilisme et le mode de pensée superficiel de l'ego : « Et pourquoi pas moi, après tout ? » Y a-t-il quelque chose qui me rend si différent des autres et qui m'immuniserait contre l'instabilité et la souffrance ?

Depuis la nuit des temps, les êtres humains ont court-circuité le processus de questionnement par la culpabilité. Si quelque chose de défavorable arrive, la pensée que nous avons fait quelque chose de mal pour mériter notre sort nous donne l'illusion du contrôle. Si seulement nous avions agi ou pensé autrement, ainsi le veut cette logique, nous aurions vécu une expérience différente.

Si nous pensions ou agissions parfaitement, alors, par définition, nous aurions une existence idéale. Nous n'aimons pas le fait que des malheurs s'abattent parfois sur d'honnêtes gens, sans raison apparente — il est plus facile de penser qu'ils ont fait (ou nous avons fait) quelque chose pour les attirer.

Cette sorte de pensée apeurée est la racine tant de la culpabilité moderne que de la culpabilité *religieuse* des temps passés. Dans le premier cas, les gens se blâment parce que, selon eux, ce qu'ils pensent n'est pas juste ; dans le second, ils croient qu'ils ont offensé Dieu et sont punis pour leurs péchés. Aucun de ces deux points de vue ne peut soutenir un examen approfondi. Après tout, si vous avez déjà lu l'histoire de Job dans l'Ancien Testament, vous savez que celui-ci, ayant tout perdu, converse avec ses amis qui veulent comprendre les causes de son infortune. Ils essaient de se convaincre que Job a dû la mériter d'une manière ou d'une autre, mais lui sait bien qu'il est sans reproche. Cette conclusion est presque impossible à accepter pour ses amis, parce que cela signifie qu'ils n'ont vraiment aucune maîtrise sur le malheur. Il peut frapper aveuglément sans crier gare.

Ainsi, lorsque l'Holocauste est survenu, ma mère a perdu foi dans le Dieu de son enfance, « Celui qui pouvait tout arranger ». Tout n'allait certainement *pas* pour le mieux alors et la pire des souffrances était infligée à des innocents. Sa réaction concernant ces horreurs fut de dénoncer Dieu et de lui tourner le dos comme une gamine boudeuse. Peut-être a-t-elle posé des questions que j'ignore au sujet de Dieu, mais ce que j'ai entendu de sa part était l'expression de sa conviction profonde qu'il ne pouvait y avoir de Dieu, dans un monde où la souffrance était aussi insensée.

Comment mener un questionnement personnel

Lorsque vous déciderez d'examiner les raisons pour lesquelles le malheur s'acharne sur des gens biens — ou toute autre question de cette nature — voici quelques directives qui vous aideront à rendre cet exercice plus fructueux. Mettez d'abord vos réflexions par écrit, dans ce livre ou dans votre journal personnel. Ne les corrigez pas et n'essayez pas de les exprimer élégamment — vous faites l'examen de la vérité, vous n'essayez pas de plaire à qui que ce soit. Après avoir écrit tout ce qui vous vient à l'esprit, posez-vous les mêmes questions épineuses à nouveau. Continuez d'écrire et la clarté se fera dans votre esprit. Lorsque vous aurez terminé, soumettez vos croyances à la critique une troisième fois.

Tout au long de cet exercice, soyez attentif aux sensations corporelles que vous éprouvez. Les émotions sont l'interface entre le corps et l'esprit, et la réponse émotionnelle à vos pensées pointe fortement dans la direction de leur signification. Peut-être écrivez-vous quelque chose comme ceci : « Qu'est-ce que je ressens vis-à-vis de ce qui m'arrive ? » et, au même instant, vous sentez que votre corps est tendu et agité. Lorsque vous examinez de près ces émotions, vous vous rendez compte que vous êtes en colère — vous êtes maintenant sous la surface des choses. Ensuite, réfléchissez à votre colère. Suivez le fil d'Ariane de vos émotions jusqu'à ce qu'il vous conduise à la vérité. Au cœur de cet examen se trouve cette simple question : « Qu'est-ce qui fait que je me sens séparé de ma propre expérience ou des autres, et qu'arriverait-il si j'arrivais à abattre cette barrière ? »

Un examen partagé

Alors que j'étais aux études postdoctorales à l'Université Harvard, j'ai croisé un jour mon directeur en me rendant à mon bureau. Il ne m'a pas saluée — pire encore, il ne m'a même pas remarquée — et il y avait une expression tendue et hostile sur son visage. Je me suis sentie visée personnellement et j'étais persuadée qu'il était en colère contre moi. Je me suis réfugiée dans mon bureau où je me suis assise toute seule, me sentant rejetée et anxieuse. C'est alors que l'assistante technique de mon patron est entrée. Elle a remarqué que j'étais bouleversée et je lui ai parlé de la froideur du professeur X ce matin-là. Elle m'a alors fait une suggestion pleine de bon sens : « Pourquoi ne pas te rendre à son bureau pour lui demander ce qui se passe ? »

Tremblante comme une feuille, je me suis dirigée à pas de souris vers son bureau et j'ai finalement frappé à sa porte. Lorsqu'il me répondit, il avait toujours le même regard contrarié. Je lui ai néanmoins fait part de ma perplexité : « Bonjour, professeur X. Ce matin, je vous ai croisé dans le corridor et vous sembliez en colère. J'espère que je n'y suis pour rien ? Croyez-vous que nous devrions en parler ? »

Il me dévisagea un moment, puis un sourire éclaira soudainement son visage. Et il me dit quelque chose comme ceci : « Vous vous êtes sentie visée personnellement ? J'en suis désolé Joan — j'étais seulement préoccupé par le renouvellement de ma subvention, repassant les données dans mon esprit. Il me semblait que quelque chose clochait à leur sujet. »

Nous avons passé l'heure suivante ensemble, révisant les données et échangeant nos théories respectives. En fin de compte, je fus emballée d'être traitée comme une collègue. Alors que je percevais un fossé entre mon prof et moi, une recherche banale de rectification des faits a créé une atmosphère d'intimité, nous permettant de laisser tomber les masques et de nous révéler sous notre vrai jour — et la créativité s'est mise à jaillir. Il s'agit d'un exemple d'une forme d'examen *interpersonnel*, plutôt qu'individuel ou *introspectif*. Mais, dans les deux cas, le désir passionné de creuser sous la surface des apparences, de découvrir la vérité sous-jacente, fait du questionnement une pratique essentielle de libération.

• ◦ ◉ ◦ •

Réflexions personnelles

Soyez à l'écoute de votre corps (le CD ci-inclus contient un exercice qui vous aidera à comprendre la façon de le faire) et analysez ce que vous ressentez maintenant. Réfléchissez avec un soin particulier à la question : « Pourquoi le malheur s'abat-il parfois sur les honnêtes gens ? »

Chapitre 4

Les trois  de la sagesse

JB : J'étais assise par terre à l'occasion d'une retraite de fin de semaine, écoutant attentivement quatre aînés (tous âgés de plus de 70 ans) partager leur sagesse de vie avec le reste du groupe. Ils répondaient à la question : « Si vous jetiez un regard rétrospectif sur votre vie, quelle serait la réflexion la plus importante que vous voudriez partager avec nous ? »

Christine, une femme menue ayant franchi le cap des 80 ans, jeta un regard circulaire sur l'assemblée en souriant. Elle était manifestement enchantée de l'intérêt du groupe pour son expérience et enthousiasmée par la chance qui lui était offerte d'être entendue et acceptée. Elle se redressa et parla posément, avec beaucoup de dignité. « Pendant tout le week-end, j'ai entendu un grand nombre d'entre vous parler de la transition que vous viviez et de la difficulté que cela représentait, dit-elle. Mais lorsque vous aurez mon âge, vous comprendrez que vous êtes toujours en mouvement. L'idée que la vie est stable, prévisible et joliment emballée est une illusion. »

« Tout change, que cela vous plaise ou non, continua-t-elle. Tout ce qu'il vous est possible de faire est de vivre avec gratitude le moment présent, car, avant que vous ayez eu le temps de vous en apercevoir, tout ce sur quoi vous comptiez vous aura glissé entre les doigts. Ne vous sentez pas visé. Cela arrive à tout le monde — de bonnes choses *et* de mauvaises choses surviennent — et ne perdez pas votre temps à essayer de vous convaincre que vous échappez à cette règle. C'est une simple réalité de la vie. De toute manière, ce n'est pas tant ce qui arrive *au dehors* qui donne la mesure de votre vie. C'est ce qui se passe *en dedans* qui compte vraiment ! » a-t-elle conclu, touchant son cœur de sa main finement veinée.

Croyez-le ou non, il y a des personnes qui sont d'authentiques chercheurs de sagesse. Elles étudient des aînés, comme Christine, qui la comprennent, ainsi que les meilleurs moyens de l'acquérir. Ce que nous gagnons, alors que nous nous adaptons aux changements de la vie, est comme un champagne que l'on aurait pressé des vignes de l'adversité. La recherche enseigne que la sagesse présente trois visages distincts : 1) une pensée lucide ; 2) l'aptitude à l'auto-questionnement ; 3) l'intelligence émotionnelle. En poursuivant votre lecture, vous reconnaîtrez ces trois aspects dans vos propres expériences.

Être lucide relativement au changement et au caractère temporaire des choses

Penser lucidement est l'aspect de la sagesse qui exige de se réconcilier avec les faits fondamentaux de la vie… et le changement est certainement l'un d'entre eux. L'un des avantages du lieu où Gordon et moi résidons, au cœur des Rocheuses, est que la réalité de la fugacité des choses est évidente. Un matin, le soleil luit, et, une heure plus tard à peine, il y a des rafales de neige. Mais *tout* dans la vie est temporaire. Il est souvent difficile de s'en souvenir, même si la vie passe en un éclair et que les choses se succèdent avec une grande rapidité. La lucidité nous dit qu'il est inutile de nous accrocher à quoi que ce soit, parce qu'il n'y a rien à quoi nous pouvons réellement nous cramponner.

Nous, les humains, n'aimons pas le changement ; il nous rend anxieux. Nous préférons que tout reste pareil — la stabilité nous rassure. Mais accepter le caractère temporaire des choses ainsi que les transitions est essentiel pour affiner notre intelligence.

Admettre l'incertitude inhérente à la vie, poser des questions pour comprendre le sens profond des choses, accepter les nuances de gris et démontrer la volonté de voir les situations selon plusieurs perspectives sont les marques d'un bon jugement.

La réflexion sur soi

La lucidité seule n'est pas suffisante pour rendre un homme sage. Sans l'aptitude à l'auto-réflexion — la faculté d'observer vos schémas de comportements et d'en tirer des leçons — vous êtes condamné à vivre votre vie comme dans le film *Le Jour de la marmotte*. Dans cette brillante comédie, qui est vraiment un enseignement spirituel, Phil Connors revit la pire journée de sa vie, encore et encore, comme s'il s'agissait d'une boucle se répétant à l'infini. Phil, un météorologue égocentrique, connaît finalement un réveil choc lorsqu'il découvre que tout change, comme la température… bien qu'en même temps, rien ne change vraiment. Lorsqu'il se rend compte que les seuls changements authentiques ne peuvent se produire qu'en lui-même, il découvre qu'il est un être humain capable de compassion. À ce point-là, Phil échappe à l'éternelle répétition de la même histoire pour accéder à la sagesse et la liberté de choix qui l'accompagne.

Ma mère a toujours été prompte à relever mes propres *Jours de la marmotte*. Lorsque j'ai rompu d'avec mon bellâtre du moment, seulement pour en choisir un autre en tous points semblable (le syndrome « le même type, un autre jour »), ma mère s'est mis les mains sur les hanches et m'a lancé : « Tu es très calée, Joanie. Tu as lu beaucoup de choses. Mais regarde-moi bien en face, Mademoiselle Savante. Si tu ne commences pas à apprendre de tes propres expériences, tu te prépares une vie très malheureuse. »

La subtilité n'a jamais été l'une de ses grandes vertus, mais maman n'en soulevait pas moins avec beaucoup d'à-propos l'importance de la réflexion sur soi. Si nous pouvons faire preuve de curiosité d'esprit, et poser les bonnes questions sur ce qui nous a menés là où nous sommes aujourd'hui, nous avons de bien meilleures chances de nous préparer des jours plus heureux. Cela m'a pris des années de réflexion avant de comprendre que je portais toujours mon choix sur le même type d'hommes, suivant en cela un programme inconscient. Voyez-vous, j'aimais mon père, qui avait une tendance à la mélancolie, et j'ai essayé pendant toute mon enfance de le réconforter. Alors, il m'apparaissait parfaitement naturel de porter mon choix sur des hommes dépressifs et perturbés, et de tenter ensuite de les « sauver ».

Malheureusement, de vieux schémas comportementaux bloquent et inhibent la transformation parce qu'ils sont l'équivalent de tourner en rond. L'auto-réflexion est le seul antidote aux répétitions inconscientes. C'est l'exercice de l'auto-réflexion qui stimule la faculté de percevoir la réalité sans distorsion, sans projection et sans égotisme. Vous pouvez y penser comme à un éveil.

L'intelligence émotionnelle

Le troisième visage de la sagesse est, selon les chercheurs, *affective*, et elle prend racine dans les émotions. Il s'agit de l'intelligence émotionnelle : l'aptitude à ressentir, nommer et agir sous l'inspiration de ses émotions, d'une manière saine et créative. L'intelligence émotionnelle grandit naturellement par la pratique de l'auto-réflexion et une pensée lucide. Supposons, par exemple, que vous ne vous entendiez pas bien avec votre patron et que vous craigniez d'être congédié. En réfléchissant à la situation, remontant aux origines de votre colère, vous reconnaissez un schéma : vous ne vous êtes jamais bien entendu avec *aucun* patron. Toute figure d'autorité évoque pour vous immédiatement votre père, qui était méprisant à votre égard et vous accablait de ses jugements peu flatteurs. Vous comprenez que la colère que vous ressentez envers votre supérieur est un sous-produit de votre enfance, et que votre ancien ressentiment vient contaminer la situation présente.

Lorsque vous comprenez l'origine de vos émotions, vous pouvez décider de vous comporter autrement. Plutôt que de vous emporter contre votre superviseur, assumez la responsabilité de ce que vous ressentez et commencez à créer un présent différent de votre passé — la transformation, c'est cela. La transition,

qui consiste à cesser de blâmer les autres pour vos problèmes et à assumer la responsabilité de votre propre vie, est l'un des dons précieux du changement. Gardez à l'esprit que les difficultés occasionnelles ne sont pas l'exception, mais représentent la règle dans la vie humaine. Parce que les époques agitées suscitent des réactions émotionnelles, elles possèdent un grand potentiel en termes du développement de votre intelligence émotionnelle — tant et aussi longtemps que vous serez disposé à garder une attitude d'ouverture et d'honnêteté dans vos questionnements.

Avec le temps, l'intelligence émotionnelle vous aidera à devenir authentique et transparent — ancré dans le présent et non dans le passé. Les qualités d'ouverture du cœur, d'intérêt sincère pour les autres et de curiosité qui caractérisent l'intelligence émotionnelle sont celles dont Christine parlait, lorsqu'elle a pointé en direction de son cœur et affirmé au groupe que la mesure de votre vie n'est pas ce qui arrive *au dehors*, mais bien ce qui survient *en dedans*.

Cultiver ce qu'il y a *à l'intérieur* (notre nature essentielle ou véritable) est une question d'entraînement. Le changement est un moment propice pour le faire parce qu'il invite naturellement à la sagesse de l'auto-réflexion, surtout lorsqu'un tel questionnement est au cœur de votre démarche.

Réflexions personnelles

Pouvez-vous penser à un schéma de comportements répétitifs qui vous a causé des difficultés dans la vie ? Relatez votre expérience et essayez de l'expliquer. Que gagnez-vous à conserver ces vieilles manières d'agir ? Quelles sont les barrières qui vous empêchent de les abandonner ? Quelles sont les ressources dont vous disposez, ou que vous pourriez trouver, pour vous aider dans votre démarche ?

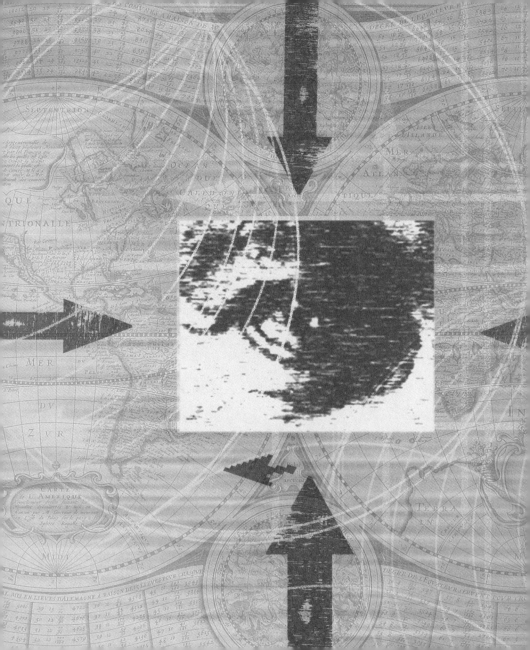

Chapitre 5

La Sagesse du Coyote :

voir le *monde* avec des yeux nouveaux

JB : Le Coyote, ou l'Illusionniste, est un personnage vénéré dans plusieurs cultures tribales amérindiennes. Il représente l'énergie archétypale qui permet de fracasser les stéréotypes et de voir les choses qui nous échappent normalement. Le Coyote est le maître du côté loufoque de la sagesse — illogique, drôle et imprévisible. On dit qu'il est le meilleur maître pour nous enseigner les leçons que nous ignorons avoir besoin d'apprendre. Lorsque nous nous sommes intéressés à l'un de ses enseignements, il est impossible de l'oublier. Le Coyote est une étude des contraires : il est à la fois astucieux et bête, créatif et destructeur, égoïste et involontairement généreux. Il est rusé, amusant et très terre-à-terre.

Et, bien qu'on le représente souvent comme un clown qui nous aide à trouver la sagesse dans notre folie, il est aussi l'énergie pénétrante qui nous permet de voir les choses telles qu'elles sont, et non telles que nous les imaginons.

Alors que le Coyote est une figure familière du folklore et des histoires instructives d'Afrique et d'Amérique, bien des gens ne savent pas reconnaître ou mettre à profit son énergie. Ce chapitre est une fort modeste introduction à la Sagesse du Coyote, une connaissance instinctive qui existe en chacun de nous, et qui nous sert de guide sur le chemin de la transformation. Contrairement aux trois autres sortes de sagesse (dont nous avons parlé au chapitre précédent), qui sont conscientes et volontaires, la Sagesse du Coyote est inconsciente. Elle surgit à travers l'inattendu et les circonstances imprévues qui rompent la trame de nos croyances habituelles.

Toutes les fois que vous faites l'expérience de la synchronicité, par exemple, le Coyote est à l'œuvre, révélant des schémas et offrant à votre esprit conscient une compréhension que celui-ci n'est pas toujours capable d'appréhender. Nous commencerons par une anecdote qui met littéralement en scène un coyote de notre voisinage. Celle-ci prend ensuite une tournure métaphorique, alors que sa puissance surnaturelle se révèle. Cela se produit souvent dans les périodes de transition, qui sont des occasions idéales pour apprendre à jeter sur le monde un regard nouveau.

Vivant à une altitude de 2 600 mètres sur la façade des Rocheuses, il n'est pas inhabituel de voir des coyotes ou d'entendre leurs hurlements fantomatiques et obsédants au clair de lune. Un après-midi, Gordon revint à la maison avec une histoire étrange et fascinante. Il conduisait le long d'un chemin de terre menant à notre petite agglomération lorsqu'il vit un coyote qui lui barrait carrément la route. Leurs regards se croisèrent un bon moment, ce qui est une attitude inhabituelle et provocante de la part de l'animal. Nous nous sommes demandé ce que le coyote avait bien pu essayer de communiquer, mais rien ne nous vint immédiatement à l'esprit. Le moins qu'on puisse dire, c'est que cette rencontre était mystérieuse et déroutante et qu'elle nous a laissés, mon mari et moi, vaguement inquiets.

Deux heures plus tard, j'étais assise devant mon ordinateur lorsque j'ai senti de la fumée. En raison d'un concours inhabituel de circonstances (incluant de fortes chutes de neige ayant obstrué momentanément un conduit de ventilation), notre fidèle appareil de chauffage central de 35 ans s'était transformé en dragon fulminant, qui carbonisait le plancher de contreplaqué. Au cours des semaines précédentes, la veilleuse avait flanché à deux reprises, mais, plutôt que de faire examiner l'appareil de fond en comble, nous nous étions contentés de le remettre en marche. Quatorze pompiers, ainsi que tous nos voisins membres du corps de volontaires, répondirent à l'appel avec compétence et rapidité.

Heureusement, les flammes ont été étouffées avant d'avoir pu faire trop de dommages, mais la « coïncidence du coyote » frappa notre imagination. Le coyote que mon mari avait vu essayait-il de nous mettre en garde ? Ou était-ce le feu lui-même qui représentait un message à notre intention ? Nous nous sommes alors demandé quelle autre catastrophe nous pendait au bout du nez, si nous négligions de percevoir les tout premiers signes d'une anomalie dans la maison.

Lorsque les gens évoquent l'humour du Coyote, il ne s'agit là que d'un aspect de sa personnalité. L'incendie n'avait rien de drôle — mais cet événement fournissait matière à réflexion, en plus de nous offrir une occasion de manifester une profonde reconnaissance. Gordon et moi nous sommes sentis bénis des Dieux relativement à ce quasi-désastre. Si nous avions été absents, ainsi que les pompiers nous l'ont assuré par la suite, la maison aurait sûrement été rasée par l'incendie. Quelle grâce merveilleuse d'avoir été à la maison, lorsqu'il s'est déclenché, et combien précieuse notre maison nous est apparue, dans la perspective de sa possible destruction.

J'avais vécu à cet endroit plus de 10 ans avant de faire la connaissance de Gordon, et je l'avais toujours décrite comme le résultat de la rencontre d'un chalet de ski et d'une cathédrale. Il s'agit d'une vieille maison un peu loufoque, bardée de vitres teintées, mais pleine de potentialités. Gordon et moi avons passé les deux premières années de notre relation à la restaurer et à en faire notre foyer, un nid d'amour qui, l'espérions-nous, nourrirait aussi la semence de la créativité et du service. Mais j'admets éprouver des sentiments ambivalents à son égard.

Cette maison est bâtie sur l'un des sites les plus merveilleux de la terre, avec une vue spectaculaire qui porte sur plus de 100 kilomètres. Mais il fait aussi très froid là-haut et, lorsque le printemps arrive à Boulder — située à 20 minutes de route à peine au pied de la montagne —, nous vivons encore les épisodes de la série *Nanook du Nord*. Certains jours de printemps, nous pataugeons dans la boue jusqu'aux genoux et Sasquatch, notre petit chien maltais blanc, rentre à la maison avec l'allure d'un œuf centenaire. C'est dans de pareils moments qu'il me vient la fantaisie de quitter la montagne, laissant les chemins de terre et les entrées parsemées de flaques de boue loin, loin derrière. Je ne peux apprécier pleinement la beauté environnante parce que je suis trop absorbée par la lutte contre les éléments et mon désir d'être ailleurs.

Je me suis rendu compte du fait que l'incendie était une invitation à rompre avec cette vieille mentalité geignarde. Il s'agissait d'une occasion d'entrer dans une relation profonde avec ces montagnes magiques et de voir dans notre maison une demeure magnifique en toutes saisons, plutôt que de lui résister en raison de ce qu'elle n'était pas.

La Sagesse du Coyote nous ouvre les yeux

La Sagesse du Coyote est un rappel que *la création est fondée sur les relations*, et que, lorsque le jugement l'emporte sur la curiosité, la danse créative de la vie s'arrête. Notre faux moi devient notre maître, imbu de son savoir, mais dont l'éventail d'expériences n'est pas plus en contact avec la réalité que la carte géographique d'une région ne nous renseigne sur ses habitants. L'un des enseignements de base du Coyote est que toute forme de résistance est une occasion d'entrer dans une relation juste avec la source de notre antagonisme.

Il nous a été facile de reconnaître la Sagesse du Coyote lorsque l'animal lui-même a surgi devant la voiture de Gordon, laissant sa carte de visite pour consultation future. Mais comment pouvez-*vous* reconnaître une invitation à regarder sous la surface des choses, à soulever le voile et à balayer vos jugements, lorsque l'énergie de l'Illusionniste emprunte d'autres voies ? La clé est de prendre note des événements très inhabituels, des synchronicités qui s'écartent sans équivoque du cours normal des choses.

Voici un exemple de la façon dont le Coyote a éclairé un moment sombre de ma vie. L'Illusionniste a provoqué une succession d'épisodes de synchronicité inhabituels, lors d'une période de changements non désirés dans ma vie. J'ai relaté cet épisode dans mon journal personnel :

« J'éprouve de la colère envers un collègue qui s'est montré indigne de ma confiance et qui a causé des dommages appréciables à mon entreprise. Lorsque j'ai appris sa trahison, mon monde a légèrement vacillé sur son axe. La confiance que j'avais en lui s'est effondrée et cela m'a aussi conduite à m'interroger sur moi-même. Je suis rongée par le doute : est-ce que tout cela est ma faute ? À quels signes avant-coureurs ai-je été aveugle ? Comment ai-je pu laisser pareille chose m'arriver ? Je deviens obsédée, ressassant les mêmes pensées, et rien de significatif n'en émerge.

Kathleen (qui travaille à notre bureau) comprend que je suis dans une impasse, préoccupée, prisonnière de ma bulle et que mon esprit est ailleurs. J'ai un rendez-vous à Boulder et elle se demande avec appréhension comment j'arriverai à me rendre là-bas indemne. Elle m'a donné une accolade, m'a recommandé de faire très attention et de conduire très prudemment. Malgré tout, en m'engageant sur le chemin de terre, une manœuvre que j'avais déjà faite des milliers de fois auparavant, je me suis approchée trop près d'un arbre et l'un des miroirs latéraux a été arraché. Voilà le Coyote à l'œuvre ; il fera n'importe quoi pour capter votre attention, surtout si cela sort de l'ordinaire. S'il pouvait parler, il m'aurait sûrement dit : « Joan, tu es aussi aveugle qu'une chauve-souris. Tu as perdu tout repère sur le sens de la confiance et tu peux à peine voir à quelques centimètres devant toi. Tu t'es assoupie, hypnotisée par tes jugements et tes croyances, alors ressaisis-toi — il est temps de t'offrir une petite leçon. »

Je suis rentrée à la maison, ignorant le message du Coyote, et j'ai continué à me consumer dans le ressentiment que j'éprouvais toujours. Quelques semaines plus tard, la veille de mon départ pour une conférence d'une fin de semaine dans les Caraïbes, je descendais prudemment le boulevard Canyon en direction du centre-ville de Boulder. Un feu de circulation vira au rouge et je me suis arrêtée. Soudainement, un autobus municipal, arrivant par ma gauche, amorça un virage — et, ô malheur, il me serra de trop près, emportant mon miroir latéral flambant neuf.

Je n'arrive pas y croire! En quarante ans de conduite auto-mobile, je n'avais jamais endommagé un seul miroir latéral. Pourquoi maintenant? Pourquoi deux fois de suite? Je ne veux pas m'y arrêter maintenant — il y a encore des courses à faire et une valise à préparer. Mais si vous ne pigez pas le message, le Coyote ne vous lâchera pas d'une semelle avec sa synchronicité. Je me rends à la conférence. Un homme que je n'avais jamais rencontré auparavant vient s'asseoir à mes côtés à l'heure du lunch. Sans préambule, il me raconte qu'un collègue l'a trompé et son cas ressemble en tous points au mien. Le lendemain, une femme se joint à moi et, spontanément, elle se lance dans une histoire qui fait écho aux nôtres. Ces Coyotes sont infatigables lorsqu'ils se lancent à vos trousses.

J'abandonne, je me rends à la plage et je m'assois sur le sable. Il est temps de poser la question de base de la Sagesse du Coyote : À quoi suis-je en train de résister? Qu'est-ce que je me refuse à regarder en face? Mon esprit revient constamment sur ce que l'homme et la femme ont tous les deux affirmé : « Ce qui s'est produit n'est pas notre faute — nous faisons tout simplement confiance aux gens.»

Une sonnette se met alors à tinter dans mon esprit. Luzie (mon adjointe administrative) me répète souvent que je suis naïve. Ce qu'elle veut dire m'apparaît subitement dans toute sa clarté — je n'ai jamais compris ce que la confiance signifiait. Je réfléchis à ma définition actuelle de ce mot. Elle se résume à penser que toute personne qui semble sincère l'est en réalité. Mais tenir pour acquis que tout le monde agit toujours dans le sens de vos meilleurs intérêts n'a rien à voir avec la confiance. C'est de la bêtise. Un déclic se fait — le vieux schéma est déboulonné, et je vois clairement que la confiance n'est pas un cadeau que vous offrez à quelqu'un comme une douzaine de roses. Elle se développe organiquement à l'intérieur d'une relation, grandissant réciproquement au fil du temps, alimentée par le respect intégral des engagements mutuellement acceptés. Dans l'expression «Faire confiance», c'est le verbe plus que le nom qui importe.

Avant le voyage, je me préparais à refaire la même erreur dans une autre relation. Mais le Coyote est venu à mon secours. Finalement — deux miroirs latéraux et deux conversations avec de purs étrangers plus tard —, il est parvenu à me persuader de me défaire d'un vieux concept qui m'aveuglait sur la réalité. Cette fois-là, je ne suis pas retombée dans l'ornière et je n'ai pas refait la même erreur. J'ai plutôt attendu qu'une relation de confiance authentique s'établisse avant de contracter des engagements d'affaires susceptibles d'affecter le cours de ma vie. »

L'un des écueils du changement est le désir humain de recréer ce que nous venons tout juste de perdre, en essayant de franchir à toute allure la période liminale et l'incertitude qui la caractérise.

Mais la période liminale est le terrain de prédilection du Coyote, et perturber les vieux schémas qui nous nuisent fait partie de son rôle. Il est plus à son aise dans l'ambiguïté, à la marge, entre deux eaux. Sa sagesse est plus puissante dans les périodes de transition, dans l'inconnu mystérieux, à l'intérieur de la parenthèse sacrée entre le vieux et le nouveau.

La transformation exige une lucidité nouvelle plutôt que la continuité dans la confusion ou la résistance. La Sagesse du Coyote s'épanouit durant le chaos, alors que nous sommes prêts à entreprendre une relation authentique avec la réalité, surmontant les vieilles formes de résistance. C'est le don de l'Illusionniste.

· • ● ● • ·

Réflexions personnelles

Décrivez un moment où vous avez levé le voile sur un point obscur de votre vie, que vous êtes finalement entré dans une relation juste avec ce qui constituait, auparavant, une croyance figée. Cela a-t-il été une époque de synchronicité, de coïncidences significatives dans votre vie ? Quels changements sont alors survenus ? Pouvez-vous penser à une situation où le Coyote est entré dans votre vie, bouleversant votre conception des choses, vous provoquant, pour que vous portiez enfin votre attention sur quelque fait nouveau ou significatif, qui vous échappait jusqu'alors ?

Chapitre 6

Qui est à *blâmer* ?

Quand le changement perturbe le cours normal de la vie, nous faisons typiquement l'une des deux choses suivantes : nous nous blâmons nous-mêmes ou nous nous en prenons à des forces extérieures. L'une ou l'autre de ces réactions nous détourne de ce que la situation commande, qui est de faire preuve d'aplomb et de présence d'esprit. Edgar Allan Poe a clairement illustré toute l'importance d'être attentif à ce qui nous entoure dans sa courte histoire *Une descente dans le Maelström.*

Lorsque le vaisseau du narrateur est entraîné dans le vortex tourbillonnant du maelström en se désagrégeant et qu'il est sur le point d'être avalé par la mer, ce dernier a la présence d'esprit de noter que certains débris sont positionnés de telle sorte qu'ils suivent docilement le courant. Il observe qu'ils sont momentanément aspirés vers le fond avant d'être éjectés en sécurité hors de la portée du tourbillon. Il sait maintenant ce qu'il doit faire pour éviter la mort. Une telle présence d'esprit — c'est-à-dire, l'aptitude à ne pas perdre son sang-froid, à ne pas blâmer les circonstances ni essayer de les expliquer, mais à rester attentif à tout ce qui survient — voilà justement ce que le mouvement instable du changement exige de nous.

Nous pouvons apprendre davantage d'une situation si nous comprenons ce que les psychologues appellent la *théorie des attributions*. Qu'est-ce qui nous vient immédiatement à l'esprit lorsque survient un événement bouleversant ? À quoi l'attribuons-nous ? Et comment pouvons-nous lâcher prise et nous abandonner au courant prêt à nous guider et qui se trouve juste là dissimulé derrière nos réactions habituelles ?

JB : Mon père a fait le choix de mourir avec dignité lorsque son traitement médical pour la leucémie a provoqué chez lui un état obsessionnel qui ruinait sa qualité de vie — et celle de sa famille. Une nuit, alors que ma mère dormait, il s'est faufilé dans la salle de séjour de leur condo dans une tour d'habitation de Miami, il a ouvert la fenêtre et il s'est élancé vers la mort. Dans les semaines (et années) qui suivirent, ma mère fut torturée à la pensée qu'elle était à blâmer. Si seulement elle avait été éveillée à 3 h cette nuit-là, se disait-elle, elle aurait pu intervenir au moment fatidique et le sauver.

Tant de fois, nous nous sommes assises ensemble — elle, assaillie par la culpabilité du survivant, éprouvant le besoin de ressasser son histoire, cherchant à expier le péché qui n'était autre que celui d'être en vie, alors que son amour le plus cher était mort. Ne sachant faire rien de mieux, j'essayais de la convaincre de chasser ces émotions. Je lui disais qu'elle n'était pas responsable de la mort de papa, ce qui était clair aux yeux de tous. Mais la culpabilité du survivant n'est pas rationnelle — il ne s'agit pas d'une culpabilité saine qui nous informe que nous avons erré. C'est plutôt vouloir l'impossible : l'omnipotence.

Lorsque nous sommes enfants, le sentiment d'omnipotence est naturel. Si un parent meurt, une enfant peut s'imaginer qu'elle est responsable parce qu'elle a souhaité sa mort un jour où elle était en colère. C'est pourquoi la perte est si difficile pour les enfants, surtout s'ils n'ont pas l'occasion de parler de leurs peurs et de leurs sentiments de culpabilité. Comme adulte, lorsque nous perdons un être ou une chose qui nous est cher, il est naturel de régresser émotionnellement. Le sentiment infantile d'omnipotence s'insinue en nous sous la forme irrationnelle de la culpabilité du survivant.

La réaction de ma mère à la culpabilité — du moins, la partie de la réaction évidente aux yeux d'un observateur extérieur — était de se punir elle-même. En s'interdisant d'être à jamais heureuse, elle s'infligeait la juste pénitence pour sa transgression imaginaire. Elle cessa de communiquer avec ses amis et se cloîtra dans son appartement pendant les treize dernières années de sa vie. Cette réclusion auto-imposée fut insuffisante pour bannir l'horreur de survivre à son amour perdu.

Avec le temps, maman cessa finalement de parler de la mort de papa. De mon côté, par contre, il m'a fallu des années pour arriver à en parler et à *commencer* le processus du deuil. Je me demande souvent si j'aurais pu être plus à l'écoute de son chagrin ou si, à cause de ma propre douleur, je me suis simplement détachée d'elle jusqu'à ce qu'elle cesse d'en parler. Le fait d'avoir été absente sur le plan émotif est un aspect de ma propre culpabilité de survivante.

Revenir constamment sur les mêmes événements réconforte et crée des liens affectifs. Toutefois, cela contribue aussi à graver encore plus profondément le traumatisme dans le cerveau. Les souvenirs traumatiques sont stockés dans une région du cerveau, appelée *amygdale*, sous forme d'icônes et d'images. En parler contribue aux transferts des souvenirs hors de l'imagerie puissante de l'amygdale, vers une autre région du cerveau, *l'hippocampe*, qui les enregistre sous forme de mots. Au fur et à mesure que les circuits de l'hippocampe se renforcent, les émotions s'apaisent et l'esprit pensant arrive à envisager la perte dans une perspective plus large. Cela ne la rend pas moins réelle, seulement moins douloureuse.

Bouddha a comparé la douleur à une tasse de sel : si nous le versons dans un bol contenant de l'eau, elle deviendra amère et imbuvable. Si nous le répandons dans un lac, par contre, l'eau conservera son goût agréable. En d'autres mots, parler d'un traumatisme à répétition — et être écouté par des personnes qui vous aiment et qui vous respectent — peut être l'équivalent neurophysiologique de diluer le sel de la tasse dans un lac. La perte est toujours là, mais nous avons plus d'espace pour la loger. Graduellement, plutôt que d'occuper la majeure partie de notre espace mental, elle est réduite à une fraction de plus en plus petite de notre conscience. Ceci est particulièrement vrai lorsque nous sommes disposés à élargir nos horizons, en entreprenant des activités nouvelles et signifiantes. Vous oublier, afin de penser à ce que vous pourriez faire pour les autres, crée un lac bien plus vaste où la douleur peut se dissoudre.

On a beaucoup réfléchi aux raisons qui font que certaines personnes ne guérissent jamais d'un traumatisme, tandis que d'autres entreprennent une transformation étonnante et inspirante. Cela est dû, en partie, à notre attitude ainsi qu'aux causes auxquelles nous attribuons le choc en premier lieu. Le professeur, Martin Seligma de l'Université de Pennsylvanie est un maître de la théorie des *attributions*. Il a découvert que les pessimistes s'en prennent généralement à eux-mêmes lorsque les choses vont mal — ils attribuent les difficultés à leurs propres déficiences. Qui plus est, ils généralisent au-delà de la situation immédiate — non seulement croient-ils qu'ils sont à blâmer dans le cas présent, mais ils sont aussi persuadés qu'ils gâchent tout ce qu'ils touchent et que cette prédisposition infortunée les hantera jusqu'à leur mort.

Seligman identifie les trois attributions inébranlables des pessimistes, qu'il nomme les « 3 P ». Ceux-ci se blâment, car ils se sentent visés *Personnellement*, ils croient que la guigne les accompagne *Partout* et que cette triste situation est un trait *Permanent* de l'histoire de leur vie.

Les optimistes affichent un style d'attributions complètement différent et c'est pour cela qu'ils surmontent la culpabilité du survivant plus facilement que ne le font les pessimistes. Les psychologues Suzanne Kobasa et Salvatore Maddi ont étudié la manière d'envisager le changement des optimistes dans leur célèbre étude des cadres de la société AT&T. Au moment de leurs travaux, la compagnie était en pleine réorganisation, la tension était à son comble et les employés étaient plongés dans l'incertitude — non seulement la description de leur tâche changeait de jour en jour, semant la confusion, mais plusieurs se rendaient compte que tout cela pouvait mener à la suppression pure et simple de leur emploi.

L'étude comparait les cadres qui donnaient leur plein rendement et restaient en excellente santé, tant mentale que physique, et ceux qui étaient minés par la tension au point de s'effondrer. Les cadres résistants au stress partageaient, selon Kobasa et Maddi, trois traits de personnalité qui les démarquaient du peloton. Le premier était leur manière de réagir aux *défis* — ces cadres réagissant bien à la pression formaient un groupe d'individus réalistes, qui comprenaient bien que le changement est un élément inévitable et important de la vie. Plutôt qu'une menace au statu quo, ils envisageaient la transition comme un moyen de développer de nouveaux talents. Une saine estime de soi et le sentiment d'être en mesure d'influencer le cours des choses les avaient amenés à envisager les circonstances nouvelles comme une occasion de croissance et d'amélioration.

Le second élément représente *l'engagement*, une mesure de « signification » en quelque sorte. Ainsi, si votre vie est profondément signifiante, vous serez plus robuste que si vous croyez être entraîné dans un futile exercice de survie. Le troisième élément est le *contrôle*. Les cadres qui ne craquaient pas sous la pression ne perdaient pas leur temps à vouloir réinventer ce qui échappait de toute manière à leur sphère d'influence. Ils concentraient plutôt tous leurs efforts sur ce qu'ils *pouvaient* faire pour améliorer leur situation. Même si vous ne pouvez savoir si votre emploi existera encore demain, par exemple, vous pouvez toujours choisir d'exceller aujourd'hui, ce que vous mangerez ou si vous ferez ou non de l'exercice.

JB : Je suis pessimiste de nature. Lorsque quelque chose de malheureux survient, ma première réaction est de m'en prendre à moi-même et de me couvrir de honte. Cela mène à une culpabilité malsaine, laquelle — pour le meilleur ou pour le pire — semble gravée à même les circuits de mon cerveau. Avec les années, j'ai appris à reconnaître ma manière de distribuer les critiques, et j'ai compris que mes idées pessimistes ne représentaient pas la Vérité avec un grand V — il s'agit tout au plus d'une tournure d'esprit. Cette lucidité nouvelle m'a permis de m'accorder plus d'espace de manœuvre, de prendre du recul et d'embrasser les choses dans une perspective plus vaste — de verser ma tasse de sel dans une plus vaste étendue d'eau.

Sachant qu'il est possible de penser différemment, je me plais à imaginer ce qu'une personne résistante au stress ferait si elle était à ma place. Si j'ai peur de perdre quelque chose, j'essaie de penser à la force que la situation me met au défi de montrer. Cela représente le *défi*. S'agit-il d'une menace ou d'une chance à saisir ? Si je sais que la situation m'échappe, la question devient : « Quel geste puis-je poser concrètement pour reprendre en main la situation dès maintenant? » Il s'agit évidemment du *contrôle*. Il ne fait pas de doute que le changement le plus important est celui de ma perception de la situation. Cela me porte à réfléchir au sens de mon *engagement*. Au cours des années, j'ai appris à m'engager bravement et courageusement, à cultiver une volonté ferme — bien qu'hésitante parfois — à rester au cœur de l'expérience dans l'ensemble de son déroulement. Et cela est la semence de la transformation.

Même si vous êtes naturellement pessimiste et qu'une attitude de *défi*, d'*engagement* et de *contrôle* ne vous vient pas spontanément, vous pouvez certainement apprendre à imaginer que vous l'adoptez. C'est le premier pas vers la liberté et c'est pourquoi les psychologues aiment étudier ce qu'ils nomment les *compétences*. Si vous savez comment les vendeurs compétents pensent et agissent, par exemple, vous pouvez enseigner leurs secrets aux autres — c'est la sagesse des vendeurs.

Apprendre à réfléchir comme le ferait une personne résistante au stress peut vous aider à éviter l'écueil de l'auto-culpabilisation, à minimiser les effets paralysants de la culpabilité et à adopter une mentalité plus propice à survivre au changement qu'à sombrer dans le désespoir.

· • ● • ·

Réflexions personnelles

Pensez à une époque où vous avez vécu un changement déplaisant dans votre vie. À quels facteurs l'avez-vous attribué? Utilisez le cadre conceptuel de Seligman (les trois « P ») pour déterminer si vous appartenez à la catégorie des pessimistes. Voyez ensuite si vous présentez les traits de personnalité, identifiés par Kobasa et Maddi, d'une personne résistante au stress (relativement *au défi*, à *l'engagement* et au *contrôle*). Soyez précis sur votre style d'attributions, en vous remémorant de façon détaillée ce à quoi vous avez pensé quand ce changement est survenu.

Chapitre 7

Ce qui ne nous détruit pas nous *rend* plus forts

Lorsque les Red Sox de Boston ont remporté les Séries mondiales de 2004 — avec un panache presque magique —, ce fut pour eux une sensation forte, car ils surmontaient enfin la fameuse « Malédiction du Bambino ». La série de malchances inouïes de cette équipe avait débuté en 1920, au moment où son propriétaire avait vendu le contrat de Babe Ruth aux Yankees de New York afin de financer la pièce de théâtre de sa petite amie. On doit rendre hommage à cette équipe affligée d'une malchance chronique ainsi qu'à ses partisans. Jamais les joueurs n'ont perdu espoir ni laissé le découragement l'emporter, en dépit d'une série ininterrompue de défaites s'échelonnant sur 80 ans. Ils se sont accrochés.

JB : À titre d'ex-résidente de Boston issue d'une lignée d'admirateurs des Red Sox, je crois que l'équipe de ma ville a su polir son génie distinctif pour surmonter les coups de l'adversité. Finalement, elle a émergé victorieuse, tel le Phénix renaissant de ses cendres. Comme le célèbre philosophe du XIXe siècle, Frederick Nietzsche, le notait dans une citation bien connue : « Ce qui ne me détruit pas me rend plus fort. »

Dans la vie, les épreuves peuvent paralyser nos efforts ou, au contraire, stimuler le développement de nouveaux talents insoupçonnés. Il existe tout un genre littéraire de sagesse dont certaines œuvres, par exemple, ont été écrites en prison. Ainsi, au Moyen Âge, le livre le plus populaire en Europe après la Bible était *La Consolation de la Philosophie*, écrit par Boethius alors qu'il était en prison. La sagesse carcérale contemporaine nous a offert des ouvrages tels que *Soul on Ice*, de Eldridge Cleaver et *Soledad Brother*, de l'activiste Afro-américain Georges Jackson.

À l'âge de 17 ans, Jackson fut accusé d'avoir volé 71 $ dans une station-service. Malgré son innocence évidente, il fut néanmoins condamné à une peine de réclusion « à vie moins une année », devant être purgée à la Prison Soledad, à Salinas, en Californie. Il ne bénéficia jamais d'une libération conditionnelle et passa ses sept premières années en prison en isolement. Refusant de s'effondrer, comme tant d'autres l'auraient fait à sa place,

Jackson s'est transformé en champion de la réforme d'un régime carcéral qui maltraitait systématiquement les hommes de race noire, tout en les privant injustement de leur droit à la libération conditionnelle. Après avoir été injustement accusé d'avoir tué un gardien blanc, il fut assassiné. Pourtant, sa vie fut profondément signifiante.

Nelson Mandela a vécu une expérience très différente avec ses gardiens de prison. Il leur manifestait toujours le plus grand respect, effaçant ainsi la distinction entre amis et ennemis. Avec le temps, ils lui rendirent les mêmes marques de respect. Mandela, en invitant les gardiens qui avaient été le plus près de lui lors de son inauguration présidentielle, démontra que le pardon et la compassion pouvaient susciter des rapprochements qu'on n'aurait jamais crus possibles.

L'une des raisons pour lesquelles les enfants adorent les fables et les contes de fées est que ces derniers sont souvent fondés sur le thème de la victoire arrachée envers et contre tout. Les histoires que nous écoutons étant enfants deviennent partie intégrante de notre vision du monde. C'est pourquoi nous aimerions vous présenter deux de nos histoires favorites, où il est justement question de grands obstacles surmontés *in extremis*. Peut-être les partagerez-vous avec les petits êtres de votre vie. Lorsqu'ils affronteront des défis plus tard dans la vie, ils se souviendront alors de la sagesse de l'enseignement que vous leur aurez prodigué.

JB : Mon conte favori sur la foi et la persévérance est celui de la grenouille qui tombe dans un sceau de crème. Les bords sont glissants et, privée de point d'appui, elle demeure prisonnière dans le contenant. Puisqu'il s'agit d'une brave petite grenouille, elle affirme sa volonté de vivre de la seule manière possible pour une grenouille : elle nage, même s'il n'y a aucun espoir apparent de salut. Elle persévère parce qu'il n'est pas dans sa nature d'abandonner. Après avoir battu la crème pendant des heures en tournant en rond, la grenouille, épuisée, est sur le point de succomber. Au même instant, l'une de ses pattes arrière trouve finalement un appui ferme. Elle fait alors un ultime effort pour se propulser hors du sceau, et elle a la vie sauve. Toute son agitation frénétique avait transformé la crème en beurre.

GD : Lorsque j'étais enfant, j'ai lu une histoire semblable au sujet d'un garçon de mon âge et elle m'inspire depuis ce jour. Elle se déroule à l'époque médiévale. Dans ce récit, le père accompagne son fils au château du roi du pays pour proposer ses services comme page. S'il parvient à avoir du succès dans ce rôle, l'enfant pourrait être promu au rang d'écuyer et devenir un jour chevalier. À la grande joie du père, le garçon obtient une place de page.

Un jour, alors que le jeune garçon marchait le long des remparts du château, il passa à proximité d'un puits profond percé dans le sol pavé de pierres. D'étranges grognements et le son d'un raclement de deux pierres frottées l'une contre l'autre s'élevaient jusqu'à lui des profondeurs du trou. Le garçon était intrigué ; dès qu'il en eut la chance, il revint surveiller discrètement la mystérieuse excavation. Il vit alors deux hommes qui y faisaient descendre un panier rempli de victuailles à l'aide d'une poulie.

Le garçon resta caché et, lorsque les hommes furent partis, il vint y voir d'un peu plus près. Les grognements et les raclements reprirent de plus belle. Plus curieux qu'effrayé, il descendit dans le puits, utilisant le panier que les hommes avaient laissé derrière eux. Alors que ses pupilles s'adaptaient à l'obscurité, le garçon fut surpris par deux yeux d'un bleu très profond qui le regardaient fixement. Ils appartenaient au visage d'un homme musclé, vêtu d'un pagne seulement et arborant de longs cheveux blancs ainsi qu'une grande barbe embroussaillée. Le seul autre objet au fond du trou était une pierre immense apparemment inamovible.

L'homme aux yeux bleus, le frère du roi, était en fait le souverain légitime qui avait régné auparavant. Son frère félon avait usurpé son trône et le gardait secrètement prisonnier depuis plusieurs années. Ce qui avait permis au roi légitime de survivre, fort et sain d'esprit était, en réalité, la plus grande nuisance à son frugal confort : l'immense pierre avec laquelle il partageait son étroit réduit. Tous les jours, il engageait le combat avec elle, et c'est cette lutte qui était à l'origine des raclements et des grognements que le garçon avait entendus. C'est en acceptant le défi de la pierre que l'homme avait trempé sa force et poli la noblesse de son caractère. Maintenant, il était prêt à ressusciter et à reconquérir son trône — à assumer son rôle de roi à nouveau.

Le roi légitime fut finalement sauvé de sa geôle souterraine et ramené à la lumière du jour. On l'acclama et son trône lui fut restitué, tandis que son frère fut renversé à son tour et jeté derrière les barreaux. La morale de cette histoire, c'est qu'il y a une noblesse profonde en nous qui se forge et se révèle lorsque nous affrontons, visière levée, les épreuves de la vie, celles que nous utilisons pour bâtir nos nouveaux talents.

Les recherches que nous avons mentionnées précédemment sur les individus résistants au stress, ceux qui donnent leur pleine mesure dans les périodes de changement, démontrent qu'ils perçoivent les épreuves comme des défis, qui les poussent à agir et à se surpasser. Ceux qui s'effondrent sous la pression, par contre, voient les obstacles comme des menaces au statu quo. En réfléchissant à notre manière habituelle d'envisager les obstacles, il nous est possible de déterminer si les histoires par lesquelles nous expliquons notre vie nous incitent au désespoir ou à la foi.

La foi, au sens biblique du terme, est un espoir qui ne s'est pas encore matérialisé. Que vous ambitionniez de remporter la Série mondiale de baseball, de laisser votre marque dans le monde du fond de votre cellule ou de survivre à une injustice terrible, comme dans l'histoire du « Roi au fond du puits », la traversée du changement est toujours une histoire d'obstacles surmontés. Lorsqu'ils surgissent sur notre route, reconnaître en eux les alliés de notre transformation peut nous insuffler le courage d'affronter la vie avec notre côté le plus noble.

● ● ● ● ●

Réflexions personnelles

Pensez à une situation difficile que vous affrontez en ce moment. La percevez-vous comme une menace ou un défi ? Si elle vous apparaît comme une menace, imaginez plutôt les enseignements cachés qu'elle renferme. Soyez précis et décrivez comment vous pourriez utiliser cette pierre sur votre chemin comme point d'appui pour votre transformation. Faites ensuite une liste de comportements spécifiques que vous devriez adopter pour développer votre résistance.

Chapitre 8

Lâcher prise
pour

de l'avant

GD : Sans doute, le vénéré maître Zen Shunryu Suzuki Roshi avait-il vu juste : « Nous n'avons pas besoin d'apprendre à lâcher prise, il nous faut simplement reconnaître que quelque chose est déjà parti. » Mais cela prend du temps. Un processus graduel de guérison, très différent pour chacun de nous, est nécessaire avant de pouvoir quitter l'état de choc associé à la perte et entrer dans la période de liminalité, suivie du retour.

Le 11 septembre 2001, nous étions des millions à regarder avec horreur le spectacle d'un homme et d'une femme, manifestement des étrangers, avançant lentement l'un vers l'autre sur la bordure d'une fenêtre juchée dans les hauteurs terrifiantes d'un gratte-ciel embrasé. Finalement, ils se sont pris la main et, pour échapper aux flammes, ont plongé vers la mort. C'est comme s'ils avaient emporté avec eux le sens de notre identité comme nation, dans un abîme baptisé, avec beaucoup d'à-propos, le *Ground Zero* (Niveau Zéro).

Notre ancien sentiment de sécurité, notre fierté et notre confiance en l'Amérique ont été ébranlés dans leurs fondements. Nous ne sommes plus les mêmes et nous continuons de changer depuis lors. Nous faisons encore jouer les biceps fantomatiques de notre puissance incontestée dans un monde devenu trop complexe et interdépendant pour que nous puissions continuer à y agir seul — un monde, soudainement et d'une manière vaguement terrifiante, dépouillé de ses remparts. Comme nation, nous essayons encore de découvrir qui nous sommes et où nous en sommes, souhaitant souvent retrouver les choses telles qu'elles étaient avant. Mais le passé ne reviendra plus.

À chaque fois que la vie atteint un point de rupture comme celui-là, ce qui se brise est toujours la coquille d'une chose plus grande en nous, qui attendait d'être libérée pour prendre son envol. La question, que la sagesse dicte que nous nous posions dans les situations où une perte irrévocable a été subie, est la suivante : « Comment pouvons-nous honorer ce qui était, le pleurer et le laisser aller, afin de créer un espace permettant la naissance de quelque chose de nouveau ? »

En décembre 2004, Joan et moi avons animé un atelier sur le changement auquel participaient 35 professionnels de la santé et des psychologues. Nous avons commencé par distribuer des copies de la carte de tarot de la Tour. Depuis le 11 septembre 2001, cette image archétypale des temps immémoriaux s'était enracinée dans la psyché américaine. Elle est habituellement représentée par un homme et une femme tombant du sommet d'une tour frappée par l'éclair, pour disparaître dans l'abysse de la séparation, de la perte et de l'annihilation. Emblématique d'un changement brusque, l'illustration de la carte annonce la destruction d'un ancien genre de vie familier, la perte irrécupérable de notre façon d'être et de l'état des choses, immédiatement avant le moment fatidique.

Pendant l'atelier, Joan et moi avons demandé aux participants de regarder la carte de la Tour et de se rappeler une époque où leur propre vie avait changé irrévocablement en un clin d'œil. Leurs histoires étaient comme la vôtre ou la mienne : un ami ou un être aimé était mort; ou bien un mariage, une situation professionnelle, une maison ou le pays qui les avaient vus naître avaient dû être abandonnés dans la douleur.

Les accidents qui influencent le cours d'une vie, les maladies ou les tragédies nationales peuvent mettre votre monde sens dessus dessous en une fraction de seconde. Nos vies sont ponctuées par de grands et de petits deuils, qui sont parfois étrangers à l'ordre naturel des choses, tandis qu'en d'autres moments, ils sont aussi naturels et nécessaires que le fait d'expirer. Vivre, après tout, c'est aussi mourir et pour trouver la grâce de bien le faire, il faut la maturité d'un cœur sage qui peut tendrement, mais sans jamais s'accrocher, retenir ce à quoi il tient le plus.

Les leçons du chagrin

La première leçon que nous enseigne la perte est de laisser libre cours à la douleur. Vous avez peut-être entendu parler de ce médium des animaux dont les services avaient été requis par les scientifiques d'un zoo important, parce qu'ils éprouvaient des problèmes avec les éléphants. Les créatures géantes, prenant exemple sur le comportement de la femelle dominante, avaient cessé de leur obéir. Constatant que les gardiens n'obtenaient pas davantage de succès, ils décidèrent, en désespoir de cause, d'entreprendre la démarche insolite de consulter un médium.

La femme demanda alors si un éléphant avait récemment quitté le zoo. On lui répondit, qu'en effet, la femelle la plus âgée avait été déplacée environ une année auparavant et qu'elle était morte peu après. À la demande du médium, les restes de l'animal furent exhumés et rapportés au zoo. Tous les éléphants, en particulier la femelle dominante qui avait une relation étroite avec l'animal décédé, se regroupèrent autour de ses ossements et

touchèrent le crâne de leur trompe sensible en manifestant leur douleur. Une fois ce rituel accompli, ils recommencèrent à coopérer avec leurs gardiens et la vie au zoo retrouva son rythme normal.

Avant de pouvoir poursuivre leur vie, les éléphants devaient d'abord honorer la perte de leur compagne. Ainsi en est-il aussi des êtres humains. S'accorder le temps de pleurer ce qui a été, d'honorer son esprit et son influence durable dans notre vie font partie de la sagesse essentielle du voyage de retour du Héros. Les spécialistes des traumatismes, comme Peter Levine, auteur de *Waking the Tiger*, savent que la vie qui s'écoule est un courant d'énergie qui se régénère constamment, tantôt se chargeant, tantôt se déchargeant. Toutefois, lorsque survient dans notre vie un événement dévastateur, nous submergeant à un point tel qu'il nous est impossible de nous en décharger physiologiquement, le flot se transforme en un tourbillon qui nous emprisonne et draine nos forces. Les maladies reliées au stress sont courantes dans de telles circonstances et notre vitalité créatrice s'éteint petit à petit.

La vie ne peut se renouveler que si l'énergie arrive à s'échapper de notre corps, souvent sous la forme d'émotions évacuées par des larmes de douleur ou des tremblements physiques de peur. Laisser aller, au début, est précisément cela : une libération physique d'énergie contenue. Le physiologiste bioénergétiques,

Alexandre Lowen, définit la liberté comme l'absence de contraintes internes dans l'écoulement des émotions. Imaginez qu'il y ait en vous un zoo intérieur, paralysé par les puissants pachydermes de la contrainte, et représentez-vous alors le soulagement qui surviendra lorsque cette masse figée se mettra enfin en mouvement.

Le rythme de cette libération est propre à chacun. Je pense aux Amérindiens qui participent à la Danse du Soleil, un rituel de libération universel. Une lanière de cuir, attachée au sommet du poteau de la Danse du Soleil, est accrochée aux muscles pectoraux du danseur à l'aide de griffes d'ours. Le danseur entreprend alors une ronde incessante, chantant et invoquant le Créateur et les ancêtres, tantôt tirant sur la corde pour intensifier la douleur, tantôt la relâchant pour en prolonger la sensation. Lorsqu'il atteint le point culminant de sa préparation — qu'il y ait été amené par la prière, l'état de grâce, la douleur, une transe ou les encouragements des participants autour du cercle —, le danseur se libère.

D'une manière similaire, le chagrin est un processus qui consiste à se rapprocher de sa douleur, pour ensuite s'en distancer peu à peu. Il n'y a pas de règles précisant la durée d'un chagrin. Nous nous en libérons lorsqu'une combinaison appropriée de temps passé, de grâce et d'observance est réalisée, créant un espace suffisant pour conserver la mémoire de ce qui nous est cher, sans toutefois nous y perdre. Et il s'agit là d'une distinction subtile.

Lorsque nous sommes incapables de lâcher prise, une part de nous-mêmes se transforme en une colonne de sel, comme dans le récit biblique de la femme de Lot. Tout ce que nous ne parvenons pas à laisser aller revient nous hanter. Tant et aussi longtemps que cette rétention se prolonge, nous ne sommes plus que l'ombre de nous-mêmes. Nous devenons ce que nous regardons fixement — et s'il s'agit d'un passé agonisant dont nous ne pouvons détourner le regard, nous avons la sensation perpétuelle que quelque chose en *nous* se meurt aussi.

J'ai parlé à un Israélien qui avait perdu son seul fils dans un attentat-suicide et dont la vie s'était effectivement arrêtée à ce moment-là. Il déclarait avec colère qu'il ne pouvait plus « continuer » dans la vie, comme d'autres le lui avaient conseillé, parce que rien ne pouvait « remplacer » son fils — rien ! Il avait raison, puisque rien ne pourra remplacer son fils, mais il avait tort également. Aller de l'avant ne signifie pas de remplacer, ou de moins chérir, la mémoire de ceux que nous aimons. *Avancer, ce n'est pas être déloyal.* Il ne s'agit pas de négliger de reconnaître que nos vies ont été profondément marquées et enrichies par les personnes ou les choses que nous avons aimées.

Une plaque en bois clouée sur la porte de mon bureau porte l'inscription : « Tout ce que nous aimons fait partie de nous. » Ce que nous aimons et que, par conséquent, nous honorons contribue à faire de nous ce que nous sommes maintenant. Nous ne pouvons nous en séparer, pas plus qu'un arbre ne peut se libérer du soleil, de la pluie, de la terre ou du vent qui le nourrissent et le font croître.

Apprendre les leçons de nos propres expériences

J'ai vécu ma propre expérience du chagrin, qui consiste à honorer et à se libérer, quand ma mère est décédée. Elle est morte lorsque j'avais deux ans et demi. Pendant pratiquement toute ma vie, je me suis agrippé à une image de moi-même dans laquelle j'étais incapable de me séparer de sa tombe (mon propre Niveau Zéro, dans lequel toute la douceur de la vie avait été aspirée). Je ne pouvais m'éloigner parce qu'il m'était impossible d'abandonner l'être qui m'avait été le plus cher dans le monde entier — et tout ce qu'elle représentait. Pourtant, je ne pouvais rester non plus parce qu'elle n'était plus là. J'étais captif, m'accrochant à la forme de substitution que sa poignante absence représentait.

Ce n'est que lorsque j'ai réussi à suivre le sage conseil d'un ami spirituel, qui me conseillait de laisser aller ma mère, que j'ai été libre de poursuivre ma route et d'apprendre que tout l'amour de l'univers n'était pas mort avec elle. C'est à ce moment de libération que le vide profond — ce que je craignais par-dessus tout et qui expliquait que je me sois accroché si longtemps — s'est soudainement transformé en un vaste espace imprégné par la Présence. C'est alors que l'illusion de la séparation, du temps et de l'espace lui-même s'est dissoute dans une atmosphère d'intimité, pure et sans limites.

Je ne peux m'attribuer tout le mérite de cet acte de libération et de l'éveil soudain de ma véritable nature qui a suivi. Après tout, le chagrin, pour certaines personnes, est un processus graduel d'abandons ponctuels, de crises et d'éclats. Pour d'autres, comme moi, c'est une grâce qui survient avec la soudaineté de la foudre. Toutefois, pour nous tous, le chagrin exige le réconfort de proches aimants et le courage d'accueillir nos émotions avec compassion.

Il n'y a pas de raccourci au chagrin. C'est un voyage en soi et il n'est pas terminé tant que la destination n'est pas atteinte. Heureusement, nous rencontrons souvent un ange ou deux en cours de route, une personne qui, comme mon ami l'a fait pour moi, offre un conseil précieux qui tombe en sol fertile. Un commentaire affectueux peut avoir sur le cœur en attente l'effet d'un catalyseur capable de transformer un vil métal en or.

· ● ● ● · ·

Réflexions personnelles

Quels sont quelques-uns des moyens par lesquels vous vous accrochez au passé ? Qu'est-ce qui vous empêche de le laisser aller ? Quelles expériences de libération avez-vous déjà vécues et comment pourraient-elles vous être utiles maintenant ?

Chapitre 9

La foi :
quelle est la place de
Dieu dans tout cela ?

Ce moment, à jamais gravé dans notre mémoire collective, où deux étrangers se sont rapprochés l'un de l'autre pour se prendre la main avant de se jeter dans le vide du haut d'un gratte-ciel, le 11 septembre 2001, a mis à l'épreuve la foi de plusieurs d'entre nous. Pour certains, c'était un triomphe de l'amour et de la noblesse de l'esprit humain. Ils témoignaient éloquemment que, même dans la mort, notre instinct est de nous rapprocher les uns des autres et d'entrer en contact. Mais, pour d'autres, la mort de ces deux innocents — sous nos yeux, ni plus ni moins — semblait un outrage monstrueux qui foulait aux pieds toute possibilité de foi en un Dieu aimant.

Lorsque tout s'effondre, la plupart des gens découvrent que les questions touchant la foi reviennent à l'avant-scène de leurs préoccupations. Même en l'absence de toute tragédie, l'un des questionnements les plus précoces qui s'impose à nous dans la vie est celui de notre présence ici, de nos origines et de ce qui arrivera après notre mort. Adopter une attitude appropriée relativement à la mort est l'un des aspects essentiels de la sagesse, celui qui nous pousse à vivre une vie remplie de compassion et porteuse de sens.

Les premiers stades de la foi, qui continuent à mûrir au fur et à mesure que nous soumettons nos croyances à l'épreuve de la réalité, sont basés sur des espoirs dans lesquels nous pouvons trouver refuge. Ils nous aident à nous réconcilier avec le caractère passager des choses et la souffrance. Ces croyances tendent à demeurer stables et incontestées, jusqu'à ce qu'une tragédie quelconque nous interpelle : « Un instant! Le compte n'y est plus! » La vie nous rend plus humbles, défait nos présomptions et, finalement, s'insinue dans notre foi, lui insufflant la vie. Albert Einstein croyait que la question la plus importante qu'il nous était possible de poser était la suivante : « Est-ce que l'Univers est amical? » Vivre dans un monde où la terreur, la haine et la cruauté coexistent avec l'amour et la beauté est le paradoxe ultime. Notre foi doit arriver à grandir suffisamment pour le contempler sans s'effondrer.

Une étape de la traversée de la foi pourrait être de la colère contre Dieu qui, de notre point de vue, nous aurait abandonnés. Mais qui est ce Dieu de toute façon? Cette question est un territoire sacré, un endroit que nous ne pouvons nous permettre de piétiner ni de laisser inexploré. Les révélations sur Dieu, qui se cachent dans les profondeurs des expériences significatives de notre propre vie, sont pareilles à des anges qui nous accompagnent dans notre voyage. Ces révélations sont de nature spirituelle, plutôt qu'une doctrine religieuse apprise par cœur. Elles sont sacrées pour nous parce que nous les vivons, et non parce que quelqu'un nous a dit qu'elles représentaient la bonne façon de croire.

La physicienne et l'auteur Rachel Naomi Remen, M.D., propose une excellente distinction entre religion et spiritualité. Elle définit la religion comme un ensemble de doctrines et de dogmes conçus pour servir de pont vers le spirituel — parfois, ils nous y conduisent et parfois non. Le danger naît lorsqu'on s'attarde sur le pont, plutôt que de le franchir. C'est alors que le côté sombre de la religion apparaît. Même si l'idéal spirituel est l'amour et le pardon, la religion a toujours représenté le mobile le plus fiable de persécutions et de génocides depuis que l'histoire écrite existe.

Plusieurs personnes religieuses sont, bien sûr, profondément spirituelles et, bien nourries par leurs traditions, elles ont franchi le pont menant à la compassion, la disponibilité, le service et l'amour. Mais d'autres personnes restent peureusement accrochées à une passerelle mal conçue et elles sont incapables d'atteindre l'autre rive. L'un des nombreux dons du changement est de nous offrir un cliché instantané, clair et net, de l'endroit et du pont même sur lequel nous nous trouvons.

Un chercheur religieux a exploré les différentes manières de penser Dieu chez des personnes appartenant à la même religion. (Il a choisi d'étudier 100 catholiques romains, puisqu'ils apprennent tous le même catéchisme de Baltimore et partagent techniquement des croyances similaires. Une étude portant sur 100 personnes de toute autre religion aurait vraisemblablement présenté les mêmes résultats.) Le chercheur a découvert que plus l'estime de soi d'une personne est forte, plus il est probable qu'elle croit en un Dieu d'amour. Lorsqu'au contraire, l'estime de soi du répondant est faible, la tendance est d'imaginer un Dieu à l'image d'un parent punitif.

Dans la Genèse, il est écrit que les créatures humaines sont créées à l'image de Dieu. Mais l'inverse est aussi vrai — nous créons nos images personnelles et nos croyances au sujet de Dieu à notre propre image ou, plus précisément, à l'image de nos parents. Une étude portant sur les prédicateurs exaltés jusqu'au fanatisme a révélé qu'un grand nombre d'entre eux avaient subi des sévices dans leur enfance. Comme chez tous les enfants maltraités, leurs blessures sont autant spirituelles que physiques.

Elles sont transmises de génération en génération jusqu'à ce que la guérison interrompe la transmission de ce sombre héritage.

Lorsque des difficultés importantes mettent nos croyances à l'épreuve, les idées de notre enfance sur Dieu ont la chance de guérir et d'évoluer.

JB : Je me suis occupée d'un patient, nommé Mark, atteint du sida, un jeune homme dont l'expérience me bouleverse toujours aussi profondément, vingt ans après sa mort. Je lui ai un jour demandé : « Les gens ont souvent des théories expliquant pourquoi ils sont tombés malades. Avez-vous jamais réfléchi à cette question ? » Il m'a alors raconté une histoire déchirante sur l'évolution de sa foi.

Le père de Mark était un prédicateur fondamentaliste qui croyait que les gais étaient des pécheurs et un affront à Dieu. Puisque Mark savait depuis l'adolescence qu'il était homosexuel, il était profondément troublé qu'un Dieu omnipotent et aimant puisse l'avoir créé avec ce défaut, et pécheur par surcroît. Incapable de résoudre cette contradiction, Mark fit ce que tant d'autres font : il laissa le Dieu noir et blanc de son enfance derrière lui. Mais plutôt que d'explorer la nature de la création en vieillissant, il ensevelit simplement l'ensemble de ce douloureux problème.

Après qu'on eut diagnostiqué le sida chez lui, il retourna aux croyances de son enfance (ce que nous faisons tous).

Conséquemment, il en vint à croire que son père avait raison. Être homosexuel était l'équivalent de cracher au visage de Dieu, et c'est pourquoi Il avait condamné les pécheurs au sida en guise de punition, comme dans une version moderne de Sodome et Gomorrhe.

— Votre Dieu n'a-t-il donc aucune pitié ? lui ai-je demandé.

— Bien sûr, mais vous devez vous repentir d'abord, murmura Mark, et je ne peux me repentir d'aimer [mon partenaire]. Il représente la meilleure chose qui me soit jamais arrivée, et je l'aimerai toujours — même dans les flammes éternelles de l'enfer.

Plutôt que de chercher à voir au-delà de la foi naïve son enfance et d'en questionner les fondations, Mark a fait une volte-face abrupte pour éviter la douleur. Il a adopté une nouvelle foi, une foi dans laquelle il se sentait immédiatement en sécurité et intègre. Soudainement, Dieu n'avait plus rien à voir avec sa situation ; Dieu n'existait même plus. Le sida n'était plus que le symptôme d'un amour de soi insuffisant et, si Mark apprenait à s'aimer davantage, il serait sûrement guéri. Son ancienne foi en un Dieu vengeur et sa nouvelle croyance dans la puissance de l'amour de soi avaient quelque chose de profond en commun : les deux gravitaient autour d'un sentiment intérieur de culpabilité, né de sa condition homosexuelle, qu'il portait en lui depuis son enfance.

Dans l'ancien système de croyances de Mark, Dieu le punissait; dans sa nouvelle foi, il se punissait lui-même. Dans les deux cas, si seulement il parvenait à être suffisamment bon, il serait finalement sauvé — son Père dans les Cieux et son père terrestre l'aimeraient.

Tandis que sa maladie gagnait du terrain, Mark retomba dans sa confusion initiale. Si l'amour de soi ne l'avait pas guéri, il était possible que Dieu le punît après tout. Il découvrit alors que ses vieilles et nouvelles idées sur Dieu étaient toutes deux des coquilles vides, qui se fissuraient au premier choc. Lorsque leur vacuité lui fut finalement révélée, Mark commença à s'interroger plus profondément sur le sens réel de l'histoire de sa vie.

Tout comme nous avons des instincts fondamentaux de survie — respirer, manger, boire, nous reproduire et nous reposer —, nous disposons d'une volonté primitive qui nous pousse à rechercher le sens de notre vie. C'est ce qui fait de nous des êtres humains. Ce besoin est plus pressant, et finalement plus satisfaisant, que le besoin de pouvoir ou celui de la réussite. Le psychiatre Viktor Frankl, qui a survécu à l'internement dans quatre camps de concentration Nazi, a découvert que la signification que les gens attribuaient à leurs souffrances pouvait, ou bien alimenter le désir de survivre, ou bien contribuer au désespoir et à la mort.

Lorsque le monde vole en éclats, cela s'accompagne d'un désir intense d'interpréter le mystère caché de l'amour et le paradoxe de la douleur. Mais puisqu'il nous est impossible de connaître la forme que prend le mystère, le sens que nous lui donnons provient davantage des questions posées que des réponses trouvées.

Dans ses *Lettres à un jeune poète*, Rainer Maria Rilke écrit ce qui suit :

> « J'aimerais vous implorer, cher ami, autant qu'il m'est possible de le faire, d'être patient à l'égard de tout ce qui demeure non résolu dans votre cœur. Tâchez d'aimer les *questions elles-mêmes*, comme des chambres fermées à clé ou des livres écrits dans une langue étrangère. Ne cherchez pas les réponses. Elles ne peuvent vous être données maintenant, car vous ne pourriez les vivre. Il s'agit d'abord de tout expérimenter. À présent, vous devez *vivre* la question. Peut-être en viendrez-vous, graduellement, sans même le remarquer, à faire l'expérience de la réponse, un jour lointain. »

Être amis de l'inconnu, dans la certitude que nous ignorons ce qui se produira, consiste à apprendre à trouver refuge dans ce qui est, au moment présent, plutôt que dans l'espérance de ce qui pourrait arriver. La foi fondée sur le questionnement, notre volonté de vivre les interrogations, exige que nous soyons des guerriers de cœur. Plutôt que de s'en remettre à Dieu pour tout régler, la foi est une certitude que les choses sont, d'une certaine manière, *déjà* parfaites. Cette permission de laisser la vie se développer, sans porter de jugement, est ce qui donne à notre amour une chance de s'épanouir pleinement.

Peu importe ce qui arrive, ce qu'il y a de plus profond dans la dignité humaine — la capacité de trouver un sens à notre vie — ne peut jamais nous être retiré. Il est toujours possible de trouver à notre action un sens qui nous lie au courant caché de la grâce et de la raison d'être de l'Univers, et qui témoigne de notre humanité. Mais ce sens ne peut être simplement construit ou emprunté à une source extérieure, pas plus qu'une chenille ne peut se coller des ailes de papillon et s'envoler. Il doit grandir organiquement à partir du questionnement profond de notre propre expérience. Laisser cette évolution survenir est l'essence de la foi.

La foi n'est pas un nom, une chose que nous pouvons tenir pour acquise, une conclusion qui plaira à coup sûr. La foi est un verbe, notre volonté d'expérimenter la vie alors qu'elle se déploie, avec toutes ses douleurs et toutes ses promesses.

· • ● • ·

Réflexions personnelles

Faites vôtre la fameuse question d'Albert Einstein : pensez-*vous* que l'Univers est bienveillant ? Comment définissez-vous la foi, et comment affecte-t-elle votre manière de franchir les différents stades du rite de passage en trois parties ?

Chapitre 10

Tenir les choses avec

légèreté

GD : Dans une scène du film *Harold et Maude*, Maude, après avoir lancé son alliance à la mer, explique sur un ton désinvolte au jeune Harold abasourdi qu'ainsi, « elle saura toujours où est l'anneau ».

C'est de cette manière que Maude, une sage septuagénaire à la jeunesse éternelle, révèle au sérieux Harold le secret de son bonheur. Son aptitude à jouir pleinement de la vie lui vient, dit-elle, du fait qu'elle sait saisir délicatement tout ce que la vie lui apporte — avec un cœur ouvert, libre de tout attachement. Elle y arrive parce qu'elle a toujours su qui elle était : elle-même, naturellement, purement et simplement. Cette simplicité d'être signifie que Maude est bien dans sa peau et qu'elle n'a besoin d'aucune possession pour faire la preuve de sa valeur personnelle.

Mais dire que Maude ne s'accroche à rien (incluant à elle-même) ne signifie pas qu'elle est indifférente à tout. C'est plutôt l'inverse qui est vrai — c'est justement parce qu'elle ne saisit ni n'étreint les choses au point de les étouffer qu'elle peut tirer une telle joie des formes évanescentes de la vie qui s'écoule. Se laisser émouvoir profondément par tout ce qui nous entoure, mais sans s'y accrocher douloureusement, là est toute la sagesse du non-attachement.

Au début de notre relation amoureuse, Joan et moi avons connu plusieurs moments magiques… et nous en connaissons toujours. Se rencontrer tard dans la vie comporte un charme particulier, parce qu'on est pleinement conscient que le temps est compté et que la nature viendra réclamer son tribut, plus tôt que tard. Chaque regard échangé était, et demeure, précieux et poignant pour cette raison même. C'est comme si elle et moi étions contenus dans la forme momentanée de deux gouttes d'eau distinctes, tombant ensemble, se réfléchissant l'une dans l'autre — conscients de notre chute —, sachant que ces formes, ces silhouettes dans lesquelles nous nous reconnaissons mutuellement, ne peuvent durer. Demeurer présent à cette douleur précieuse est ce qui nous unit davantage chaque jour.

La douleur et l'extase d'un cœur ouvert sont inséparables. « La mort, écrit le poète Wallace Stevens, est la mère de la beauté. » Comment la poire mûre suspendue à la branche ployée pourrait-elle jouer un rôle dans notre vie, si elle restait suspendue à jamais, destinée à recueillir la poussière ? Se cramponner, s'emparer, retenir ou immobiliser mènent à l'engourdissement des organes de l'appréciation et de l'affection. Tout ce que nous essayons de prélever du courant de la vie finit par se flétrir à nos yeux. La main solidement fermée devient l'emblème d'une existence dont on a arrêté le mouvement. Le voile de la familiarité tombe tel un rideau trompeur, occultant un monde qui continue de déployer ses merveilles inépuisables.

Ce que la religieuse m'a enseigné

Saisir délicatement n'est pas un art ou une technique — c'est la reconnaissance modeste que « cette chose-là ne m'appartient pas ». C'est seulement dans cet état de pauvreté bénie que la vie nous offre ses richesses. La main généreuse qui laisse partir sans peine reçoit tout aussi naturellement.

Je me souviens de ce jour gris et sombre où je me suis rendu à l'hôpital pour voir mon père mourant. Je lui avais apporté un bouquet de fleurs, mais j'ai été surpris de trouver sa chambre inoccupée. Était-il décédé subitement ? L'avait-on emmené ailleurs ? Après avoir appris qu'il était de retour dans son foyer d'accueil, je suis sorti de l'hôpital et je me suis arrêté face à une intersection bruyante, confus, tenant toujours le bouquet à la main. Qu'est-ce que je pouvais bien en faire ? Une poubelle en aluminium lorgnait grossièrement vers moi... non, je ne pouvais m'y résoudre. Ces fleurs représentaient mon amour pour mon père.

J'ai essayé de les donner, d'abord à une femme qui marchait dans ma direction, puis à une autre qui descendait de voiture. Les deux m'ont dévisagé comme si j'étais un fou dangereux, et elles ont tourné les talons après avoir refusé mon présent.

Jetant un coup d'œil au coin opposé de l'intersection, j'ai aperçu une religieuse menue et chétive. Les feux ont changé et elle a traversé la rue en clopinant, bifurquant ensuite pour s'approcher lentement de l'endroit où je me tenais en bordure du trottoir. Sous son voile, son visage foncé et parcheminé ressemblait à celui d'une momie Navajo que l'on aurait déterrée d'une grotte du désert. Lorsqu'elle s'est trouvée près de moi, je lui ai présenté le bouquet en lui demandant : « Ma sœur, voulez-vous ces fleurs ? » Sans même s'arrêter, elle a levé la tête et elle a gentiment pris le bouquet de mes mains. Sa vieille figure s'est illuminée, ses yeux et son sourire rayonnaient de joie. « Merci » a-t-elle dit, avant de poursuivre son chemin.

J'étais à la fois heureux et perplexe. Pourquoi avait-elle pu accepter ainsi, alors que les deux autres femmes en avaient été incapables ? Et j'ai compris que c'était l'aboutissement de l'apprentissage de toute sa vie : savoir recevoir en toute confiance, apprécier la grâce qui s'offre gratuitement, ici et maintenant, dans une vie dépouillée de toute chose inutile.

Je sais que ma vie à l'extérieur des murs d'un couvent pourrait être très similaire — et pourtant, je suis conscient que tenir aux choses légèrement n'est pas un moyen infaillible de se garantir de la douleur. Naturellement, nous voulons préserver et retenir ce qui nous touche le plus profondément, ne serait-ce qu'un moment magique que nous voudrions prolonger éternellement. Je pense aux petites mains de mon fils Ben, saisissant mon front lorsque je le portais sur mes épaules quand il était bambin ; ou à mon chien Bear — un noble animal et le meilleur ami que j'ai eu —, me suivant péniblement lors de notre dernière promenade autour du lac, avant de le confier aux soins du vétérinaire pour qu'il mette fin à ses souffrances. Et je pense aussi aux façons par lesquelles mon père m'a témoigné son amour.

Souvent, ce sont les prises de conscience poignantes de la fugacité des choses qui ouvrent le cœur à l'amour. Cela s'accompagne d'un sentiment de déchirement. Il ne pourrait en être autrement que si nous étions superficiels et indifférents, insensibles à la vie et détachés de nos émotions. La grâce qu'apporte l'unique éclairage de chaque nouveau moment et la perte que nous ressentons lorsqu'il s'éteint progressivement, sont les deux côtés d'une même réalité, le flux et le reflux de l'océan de la vie. La tendresse — qui, plus que la raison, nous humanise — est le langage d'un cœur ouvert, dans sa générosité et sa vulnérabilité. C'est aimer ce qu'il faudra inévitablement abandonner un jour.

Et c'est de cette manière, avec tout le courage que cela exige, que nous devons tenir à ceux qui nous sont les plus chers. L'auteur et maître spirituel Stephen Levine a beaucoup œuvré auprès de parents éprouvés par la mort tragique d'un enfant. Dans l'une de ses causeries, il leur présente une délicate coupe de cristal finement ciselée. Cette coupe, dit-il alors aux parents, est précieuse et fragile, tout comme l'était leur cher enfant disparu, comme le sont aussi les survivants. La question n'est pas de savoir *si* le cristal se brisera un jour, mais *quand* cela se produira. Étant donné sa fragilité, sa destruction éventuelle est un fait certain. Toutefois, sachant cela, sachant que la fin approche, on peut néanmoins boire dans la coupe. Après avoir versé dans celle-ci l'eau fraîche d'un pichet, il la porte à ses lèvres avec un sens authentiquement spirituel d'appréciation. « Cela, dit-il, doit être la manière d'apprécier et de goûter à la richesse inestimable que nos enfants apportent à nos vies, aussi longtemps qu'ils demeurent avec nous. »

Tenir délicatement et boire de cette manière est un acte de communion qui transforme le temps et nous emporte dans la dimension de *kairos*, l'éternel maintenant de la pure présence, même si cela ne dure qu'un moment. Et pourtant, à ce moment-là, nous entrons au cœur de la vie... et nous ne devons jamais l'oublier.

⋅ ◦ ● ◦ ⋅

Réflexions personnelles

Pensez à ce qui est le plus précieux à vos yeux maintenant. Comment le retenez-vous ? Quelle expérience vivez-vous, ou pouvez-vous imaginer, dans laquelle votre cœur est libre d'attachement ?

Chapitre 11

À quel point suis-je *stressé* ?

JB : Franchir le stade liminal de l'Odyssée du Héros ressemble à ce que les Amérindiens appellent la *quête de la vision*. Cela implique d'affronter autant les épreuves intérieures que celles imposées de l'extérieur et, si tout va bien, d'en émerger plus fort. Il faut beaucoup d'énergie pour survivre à la transition entre le passé et l'avenir, et composer avec la perte et la confusion qui accompagnent le changement. Se transformer en exige encore davantage. Cultiver le courage du héros, qui consiste à s'engager sans réserve dans l'expérience en cours, est parfois ardu, épuisant. Si vous vous laissez miner ou épuiser par la traversée, la vision est bien plus difficile à découvrir et à proclamer.

Un élément de la sagesse pratique de la gestion du changement est de toujours être conscient du stress que vous éprouvez, afin d'éviter d'excéder vos propres limites. Cela exige de la concentration ainsi que de la discipline. Par exemple, comment décririez-vous votre humeur maintenant ? Si vous vous sentez irritable et que vous faites une montagne de la moindre contrariété, les outils les plus simples pour apaiser la tension, comme faire de l'exercice ou dormir davantage, peuvent rétablir votre équilibre. Ce conseil peut sembler banal, mais la transformation est hors de question si vous êtes en pleine crise.

Lorsque j'étais directrice de la clinique de désordres reliés au stress à l'hôpital universitaire de Harvard pendant les années 80, nous avions l'habitude de surveiller étroitement le stress que vivaient nos patients. Nous avions découvert qu'en faisant la somme des changements que les individus devaient affronter dans leur vie, il était possible d'avoir une idée assez juste de la tension psychologique et physique à laquelle leur organisme était soumis. Son intensité réelle variait évidemment en fonction des aptitudes de chacun à gérer son stress, mais la mesure du changement offrait certainement un bon point de départ.

Au cours des années 60, deux chercheurs en sciences médicales, Thomas Holmes et Richard Rahe, ont mis au point le premier test permettant d'évaluer le niveau de stress des individus[1]. Leur

---

1 NdT : Life Change Stress Test : littéralement le « Test de stress relié aux changements de la vie ».

espoir était d'arriver à établir un lien quantitatif entre la tension nerveuse et l'état de santé. Ils ont en effet découvert que, plus une personne vivait de changements significatifs, plus ses chances de tomber malade augmentaient. Nous en avons presque tous déjà fait l'expérience. Le stress déclenche une réaction physiologique qui prépare le corps «à combattre ou à fuir». Tous les systèmes de l'organisme se mobilisent pour affronter des défis inhabituels, qu'il s'agisse d'événements réels ou de craintes psychologiques. Une répétition trop fréquente de ces «mobilisations générales» peut élever la pression sanguine, provoquer des irrégularités cardiaques, de la tension musculaire, des problèmes respiratoires, des troubles de digestion, des maux de tête et des dysfonctions du système immunitaire qui augmentent la sensibilité aux allergies, aux maladies auto-immunes et infectieuses.

Holmes et Raha ont attribué à chaque événement une pondération en termes «d'unités de changement de vie», ou d'UCV. Par exemple, la mort d'un conjoint, considéré comme l'événement le plus perturbateur de la vie, donne une pondération de 100 UCVs; une infraction mineure à la loi compte pour 5 UCVs. Même les changements positifs, comme un mariage (50 UCVs) ou une promotion exceptionnelle (25 UCVs) peuvent bouleverser le statu quo et engendrer de l'anxiété pendant la période d'adaptation à la nouvelle situation. Écrire un livre, à mon avis, mérite une pondération de 75 UCVs. Qui plus est, écrire un livre en collaboration avec la personne que vous venez tout juste d'épouser, ce qui est notre cas à Gordon et moi, fracasse tout simplement l'échelle !

Les gens qui obtiennent un pointage élevé (250 UCVs ou plus) sont plus susceptibles de présenter des troubles physiques ou physiologiques que ceux qui affichent un score modéré. Ce test ne brosse toutefois pas un tableau complet de la situation. La signification que nous accordons aux événements peut amplifier leur effet perturbateur ou, au contraire, l'atténuer.

Par exemple, je me souviens d'un patient ayant coché la case *Changement de croyances religieuses* lorsque nous l'avions soumis au LCST de Holmes et Rahe. Quand nous en avons discuté en entrevue, le patient m'a confié qu'il avait immigré récemment d'Haïti, où il avait été élevé dans la religion vaudou. Après son arrivée aux États-Unis, il avait fait la rencontre d'une femme membre des Témoins de Jéhovah, l'avait épousée et s'était converti. Naturellement, rien ne peut être plus diamétralement opposé que ces deux confessions et l'homme vivait un terrible conflit intérieur, alors qu'il combattait ses propres croyances. Dans son cas, la pondération assignée sous-estimait sérieusement l'ajustement que sa récente conversion exigeait de sa part.

Lorsque cette pondération a été créée dans les années 1960, il n'existait pas de catégories pour les événements de la vie moderne, comme les attaques terroristes, les familles recomposées, les ados aux corps transpercés d'anneaux métalliques, les pannes généralisées d'ordinateurs et les restructurations d'entreprises. Holmes et Rahe ont estimé que la vie comporte 44 % plus de stress maintenant qu'il y a 50 ans. De plus, de nouveaux défis semblent surgir de minute en minute, alors que nous évoluons vers une communauté globale. En plus de devoir soutenir le rythme des bouleversements politiques et sociaux qui surviennent aux quatre coins de la planète, le simple suivi de notre courrier électronique est parfois harassant. La technologie évolue si rapidement que seuls les enfants de moins de 10 ans disposeront bientôt de la souplesse neurologique nécessaire pour programmer un magnétoscope.

Peut-être aurez-vous envie de consulter le test de Holmes et Rahe sur Internet, en vous servant d'un moteur de recherches comme Google, afin de déterminer votre propre niveau de stress. Mais ne vous en faites pas si vous n'avez pas le temps. La recherche démontre que l'une des meilleures méthodes pour le mesurer consiste à tracer une ligne droite sur une feuille de papier, puis d'écrire « 1 » à son extrémité gauche et « 10 » à celle de droite. Ensuite, décidez où vous croyez vous situer sur la ligne, quelque part entre le « 1 » du Calme olympien et le « 10 » de la Tension à son comble. C'est ce qu'on appelle *l'échelle visuelle analogique*.

Au moment où j'écris ces lignes, ayant dormi moins de 6 heures la nuit dernière, j'évalue mon stress à « 7 » sur cette échelle. Et, d'après mon expérience, il s'agit d'un niveau bien trop élevé pour bien me sentir ou accomplir un travail valable. Je vais donc délaisser l'ordinateur un moment pour faire une courte promenade dans l'air vivifiant de la montagne, en espérant qu'à mon retour, ma tension sera redescendue sous la barre du « 5 ».

Naturellement, ces valeurs signifient quelque chose pour moi, mais il n'y a que *vous* qui puissiez décider à quoi ces nombres correspondent dans votre propre expérience. Si vous prenez l'habitude d'utiliser ce test tout simple, vous aurez bientôt un sentiment intuitif de votre niveau habituel de stress et de celui où vous évoluez de façon optimale. Vous saurez aussi à quel moment vous avez clairement dépassé votre seuil personnel de tolérance. Le défi consiste à réduire les sources d'anxiété dans votre vie en général et, plus particulièrement, pendant les périodes de changements, afin d'être réceptif aux leçons et aux transformations qui accompagnent souvent ces époques mouvementées.

Deux de mes livres précédents, *Inner Peace for Busy People* et *Inner Peace pour Busy Women*, offrent un grand nombre de stratégies simples pour vous aider à retrouver votre aplomb. La gestion du stress n'a pas besoin d'être une entreprise élaborée — c'est d'abord une question de bon sens. La gymnastique rythmique est sans doute le moyen le plus efficace pour le combattre, mais une simple promenade de 30 minutes, vingt minutes de yoga ou de méditation, ou une demi-heure d'écoute de musique classique peuvent aussi réduire significativement votre niveau d'anxiété.

Dans le développement de la sagesse du corps, tout comme dans celle de l'esprit, la clé du progrès est la *réflexion sur soi*. Vous ne pouvez réduire le stress dû au changement à un niveau qui vous permettra de vous révéler sous votre meilleur jour, si vous ignorez qu'il est trop élevé. La sagesse est toute simple : prenez un temps d'arrêt, accordez-vous un moment de repos. Faites quelque chose d'enrichissant pour vous rappeler que la vie vaut la peine d'être vécue et que, derrière le voile opaque du stress, il y a un monde de merveilles qui attend votre retour.

Réflexions personnelles

Sur une échelle de 1 à 10, 1 représentant la sérénité et 10, la tension à son comble, à quel niveau situez-vous votre stress maintenant? Quelle est la chose la plus simple que vous pouvez faire lorsque votre tension est trop élevée et qu'elle compromet votre capacité d'agir efficacement? Qu'est-ce qui vous empêche de le faire, même si vous savez que vous avez besoin d'un temps d'arrêt?

Chapitre 12

La *sagesse* de l'attente

JB : Affronter l'inconnu est si difficile pour la plupart d'entre nous que nous ferions à peu près n'importe quoi pour retrouver nos repères familiers, là où nous nous sentons en sécurité. Il peut y avoir un élément de la sagesse du survivant dans le comportement qui consiste à continuer à vaquer à ses occupations habituelles après avoir subi un déchirement douloureux. Cela procure un cadre stable, auquel il est possible de s'accrocher, lorsqu'on a l'impression d'avancer dans un maelström.

Toutefois, la routine peut aussi devenir une prison, un attachement à l'ancienne manière de penser et d'agir, qui bloque l'arrivée de toute nouvelle vision. Lorsque cela arrive, et que vous constatez que vous ne faites que tourner en rond autour de vos peurs, il peut être sage de faire ce qui semble contre-indiqué dans une situation de transition : rien du tout. Récupérez, tout simplement jusqu'à ce que vous ayez retrouvé votre équilibre.

Voici un extrait de mon journal personnel qui illustre cette idée :

Je suis assise à la table de cuisine avec Gordon, m'efforçant de déterminer ce qu'il faut maintenant faire pour mener ce livre à bon port. Je veux savoir précisément où nous en sommes, m'assurer que j'ai les choses bien en main. J'aimerais me sentir sûre de moi et efficace, digne de la confiance que l'éditeur a placée en nous lorsqu'il nous a confié ce projet commun. Mais nous avons atteint une impasse colossale : nous venons de lire le premier jet et il s'en dégage l'impression d'une rencontre avec Jésus en personne. Le ton est moralisateur, une sorte de rubrique de conseils à l'eau bénite. Pour ma part, je suis retombée dans ma vénération des dieux de la recherche. Je me réfugie dans leurs conseils diserts et savants qui donnent l'illusion qu'il existe une formule magique pour transcender instantanément la peur et la confusion. Je sais pourtant que ces éléments font partie de l'habitat naturel où le changement opère sa magie noire.

L'impulsion de faire-faire-faire, de rectifier le livre tout de suite, de sortir des ténèbres de l'incertitude pour entrer dans la lumière de la certitude et de l'accomplissement s'empare de cette partie de mon cerveau où siègent les émotions. Je crains de rater la date d'échéance, de découvrir que la muse m'a désertée, de gâcher notre mariage par-dessus le marché dans notre tout premier grand projet en collaboration. Une partie très ancienne et très primitive de mon système nerveux — le cerveau reptilien — prend les commandes. Je régresse en mode de survie et je commence à me défendre bec et ongles. À ce moment, je suis persuadée que Gordon est responsable du cul-de-sac dans lequel nous nous trouvons. Il aspire à une vision authentique et à une œuvre de qualité sur le plan littéraire. Je veux écrire un livre simple, à la fois pratique et réconfortant. Jusqu'à présent, ni l'un ni l'autre n'a atteint son objectif et je régresse dans les larmes et les blâmes. Ce n'est pas le côté le plus brillant de ma personnalité, mais je suis une femme possédée par la peur qui a perdu son équilibre.

Je voudrais revenir en courant à l'ordinateur et commencer à écrire sur-le-champ, même si Gordon a bien démontré que nous devrions momentanément faire l'impasse, prendre quelques distances vis-à-vis de la situation. Autrement, tous nos efforts seraient aussi vains que de replacer les meubles sur le pont du *Titanic,* alors qu'il importe surtout de remettre le navire dans la bonne trajectoire. Je me sens désespérée et je veux me calmer en m'activant, même si je sais que le résultat sera sûrement identique à ce que nous avons fait jusqu'à maintenant.

Gordon accomplit pour moi ce que je semble incapable de faire, même si je sais que c'est ce dont j'ai besoin. Il me demande ce qui pourrait me ressourcer : une promenade ? Un bain chaud ? Un bon livre ? Comme une enfant maussade, je rejette dédaigneusement chaque suggestion, la piétinant pour la réduire en miettes. Il garde son calme et reste auprès de moi pendant toute ma tirade, se chargeant du fardeau que je suis incapable de porter. Heureusement, il ne fait pas l'erreur de confondre cette mégère déchaînée avec la femme que je suis vraiment. Contenue dans le havre de son calme, la tempête de mes émotions s'apaise doucement. Je me rappelle que la sagesse essentielle de la transition n'est pas qu'un conseil glissé dans un livre pratique. Elle peut être incarnée, reconnue et vécue à l'instant même.

Dans la traduction de Stephen Mitchell du texte classique de la sagesse *Tao Te Ching*, on retrouve à la quinzième strophe une question à la fois exquise et instructive :

« Avez-vous la patience d'attendre
jusqu'à ce que la boue se dépose et que l'eau s'éclaircisse ?
Pouvez-vous rester immobile
jusqu'à ce que l'action appropriée s'impose d'elle-même ? »

Nous pouvons parfois attendre de bonne grâce que l'eau redevienne limpide. Mais le stress est un saboteur qui cherche à embrouiller les choses à nouveau. Plus je me sens tendue, moins je suis capable de lâcher prise afin de permettre aux eaux de se clarifier. Je m'enlise dans la mentalité de ce petit piège chinois que l'on donne aux enfants pour leur apprendre les vertus de l'attente.

Voyez-vous, lorsque j'étais une petite fille, mon père apportait à la maison de petits cylindres multicolores faits de paille tressée. J'insérais un doigt dans chaque extrémité et, lorsque j'essayais de les retirer, ils restaient emprisonnés Plus je tirais, plus le piège se refermait fortement sur mes doigts. En bon papa qu'il était, il utilisait ces simples jouets pour m'enseigner que, lorsque je me sentais coincée, la meilleure chose à faire était de cesser de m'agiter. Dès que je laissais mes doigts se détendre, abandonnant la lutte, je recouvrais ma liberté.

Lorsque je faisais de la recherche sur le stress, nous utilisions des mots recherchés, comme *autorégulation*, pour décrire le processus d'abandon visant à retrouver son équilibre — pour se libérer du « piège chinois » de l'esprit. Il s'agit d'une expression élégante et descriptive, car elle suggère que vous avez été, jusqu'à maintenant, dominé par quelque chose d'extérieur. Il s'agit parfois d'une disposition acquise, résultant d'un événement passé ou d'un conditionnement de votre enfance. L'autorégulation est le chemin vers la reconquête de soi.

On appelle quelquefois cette aptitude l'art de se réconforter ou de se ressourcer soi-même. Le paradoxe de l'auto-ressourcement, c'est que même s'il procure un formidable bien-être, il est très difficile de s'y livrer lorsque la peur nous a gagnés. Il en est ainsi parce que cela semble contraire à ce que suggère l'intuition. « Si un lion se lance à mes trousses, je devrai fuir à toutes jambes, me direz-vous. Ce n'est pas le moment de prendre racine et commencer à méditer. » Bien qu'il s'agisse là d'un exemple extrême et pas très réaliste, je pense que vous comprenez ce que je veux dire. Une recherche, toujours en cours chez moi, est d'arriver à surmonter le paradoxe suivant : Comment puis-je être entièrement présente à mes émotions — par exemple, la peur — et, en même temps, me détendre et retrouver la paix ? C'est la seule façon de faire honneur à mon expérience. En faire moins serait prétendre que les choses sont différentes de ce qu'elles sont. Et rejeter la vérité ne fait que troubler l'eau encore davantage.

Alors, pour en revenir où nous en étions avec le Grand Désastre Littéraire, je suis descendue toute penaude jusqu'au bain que Gordon avait si gentiment fait couler à mon intention. De la musique classique et un peu d'encens contribuaient à créer une atmosphère apaisante. Lorsque je me suis assise dans la baignoire, j'ai décidé d'accepter ce qui arrivait, sans essayer de le changer ni de le juger. Mais, plutôt que de me concentrer sur ce que je pensais de la situation, ce qui n'aurait conduit qu'à une répétition de l'histoire dont j'étais prisonnière depuis des heures, j'ai détourné mon attention vers mon corps. Quelles vibrations ressentais-je dans mes cellules et mes tissus ? Comment l'énergie circulait-elle en moi ? Où s'écoulait-elle librement et à quel endroit semblait-elle emprisonnée ? De cette manière, je pouvais rester pleinement consciente de mon expérience tout en transcendant son déroulement linéaire, qui me tenait captive de mon angoisse avec l'efficacité d'un petit piège à doigts chinois !

Lorsque nous sommes dans une période de transition, quelque part entre ce qui « n'est plus » et ce qui « n'est pas encore », il est naturel que les peurs émergent — après tout, elles sont alimentées par l'ego et ses histoires habituelles de déchirement et de déloyauté. Lorsque les Israélites ont conquis leur liberté aux dépens du Pharaon pour échapper à la servitude en Égypte, ils ont erré dans le désert pendant 40 ans jusqu'à ce qu'ils atteignent finalement la Terre Promise. Quarante ans, cela représente deux générations — tout ce temps a été nécessaire pour que les vieilles histoires d'esclavage, et peut-être même le désir de retourner à cette condition terrible, mais familière, relâchent leur emprise. Et c'est alors que les eaux troubles sont finalement devenues limpides.

Lorsque cela se produit, il est beaucoup plus facile de reconnaître notre chemin, de retrouver notre aplomb et d'avoir de la patience lorsque nous sommes face à l'inconnu... qui, en dernière analyse, englobe tout ce qui se trouve hors de notre expérience immédiate.

· ◦ ● ◦ ·

Réflexions personnelles

Quels sont les obstacles qui vous empêchent de prendre un temps d'arrêt et de lâcher prise ? Que pourriez-vous faire maintenant — ou éviter de faire — pour retrouver la paix ?

Chapitre 13

Vaincre le  *faux* soi

JB : Lorsque le chemin de la vie devient cahoteux, les gens s'unissent parce qu'ils se montrent alors sous leur vrai jour. Dans une pièce où plusieurs personnes en deuil sont réunies, il y a de la peur, de la colère, du chagrin... et de la tendresse. Il ne reste plus assez d'énergie pour porter un masque, alors les gens se montrent tels qu'ils sont, naturels et vulnérables. Lorsque tout s'écroule, le faux soi, qui est notre réponse à la peur profonde de ne pas être aimé, est renversé de son piédestal. Mais dès que la crise s'estompe, l'ego revient à ses anciennes habitudes et se dissimule sous un nouveau déguisement.

Afin de permettre au vrai soi d'émerger au cours du changement et de s'imposer pour de bon, il est important de comprendre de quelle manière le faux soi fonctionne. Il nous sera alors possible de voir comment nos peurs l'alimentent, et de trouver le courage et les ressources pour rester fidèles à la personne que nous sommes vraiment.

Le maître bouddhiste Pema Chödrön définit l'absence de peur (ou la bravoure) comme étant le refus de s'illusionner sur soi-même, le courage de s'accepter tel que l'on est. La volonté de nous regarder bien en face et d'accepter ce que nous voyons exige du courage, car nous découvrirons nécessairement des choses que nous n'aimons pas. Il n'y a pas de dissimulation ni de déni pour le brave. Le piège, ici, est que nous ignorons ce que nous ne voulons pas voir. L'ego est rusé et tout ce qui peut l'humilier est balayé discrètement sous le tapis. Le seul moyen à notre disposition pour découvrir ce qu'il garde caché là-dessous, c'est d'être conscient des jugements que nous portons sur les autres. Ils détiennent la clé de ce que nous condamnons le plus durement en nous.

Voici un autre exemple tiré de mon journal personnel, afin de mieux illustrer ce que je veux dire :

> Je discute avec un ami d'un projet de service à la communauté mis sur pied par une connaissance commune, un individu qui ne ménage jamais ses efforts pour aider les autres. Ce que j'exprime à ce moment-là est corrosif et choquant — il y a une force à l'œuvre derrière ma diatribe. Je lance sèchement une critique dans le style : « Allons bon, cesse d'en rajouter. Je ne

pense pas que sa véritable motivation soit réellement d'aider les gens. Je crois que ses grands airs spirituels sont de l'affectation. Tout ce qui lui importe, dans le fond, c'est l'image de bienfaiteur de l'humanité que ces projets font rejaillir sur lui. »

Tout de suite après, je me sens honteuse et je comprends que je viens de faire une projection mesquine. Je n'ai aucun moyen de connaître les mobiles profonds de cet homme, mais je sais qu'il *m'arrive* de poser des gestes « nobles » parce qu'ils flattent mon estime personnelle. Puisqu'on nous a toujours dit que les motifs complexes étaient suspects (après tout, n'aspirons-nous tous pas à la sainteté ?), reconnaître que les nôtres ne sont pas toujours dénués d'arrière-pensées est difficile, surtout si notre ego est particulièrement musclé — un critique intérieur implacable, qui maintient les instincts désordonnés sous le joug.

Tous les êtres humains dissimulent dans leur ombre les comportements, les désirs et les émotions qui les embarrassent. Ces derniers demeurent invisibles parce qu'ils sont hors de notre champ de vision. Le poète Robert Bly compare cette ombre à un grand sac que l'on traîne derrière soi. Si nous pouvions en voir le contenu, nous découvririons qu'il contient toutes les facettes de nous-mêmes que nous avons reniées. Nous avons cessé d'être fidèles à nous-mêmes pour éviter d'être critiqués par les personnes à qui nous voulions plaire — parents, religieux, professeurs, amants, etc. Pour gagner leur amour, nous nous sommes séparés de ces aspects de notre être.

Le mécanisme utilisé pour placer notre honte sous clé est celui d'un déni profond — une stratégie qui se joue hors de la vue, hors de la conscience et qui nous permet de nous sentir superficiellement bien. Mais si le faux soi devait entrer en contact avec le contenu de ce sac, le résultat serait une humiliation fulgurante qui l'anéantirait sur place. Tout ce qui est réprimé s'accumule comme de la vapeur surchauffée dans l'inconscient et elle s'échappe fréquemment d'une manière fort embarrassante, révélatrice et autodestructrice.

La thérapeute familiale aujourd'hui décédée, Virginia Satir, comparait le contenu de l'ombre humaine à une meute de chiens se ruant sur la porte du cellier pour s'en échapper. Il nous faut beaucoup d'énergie pour maintenir la porte close, mais les chiens s'évaderont en dépit de tous nos efforts pour les garder enfermés. Et l'échappatoire la plus courante est celle de la projection.

Ainsi, si vous êtes une personne douce, réticente à exprimer sa colère, il est possible que vous vous pensiez même incapable d'une pareille émotion. Vous l'attribuerez plutôt aux autres et vous leur prêterez des sentiments hostiles à votre égard. Partout où votre regard inoffensif se posera, vous verrez une colère froide dirigée contre votre personne. Si vous êtes incapable d'intimité, vous accuserez peut-être votre partenaire de ne pas faire d'efforts pour vous comprendre. La projection est la façon de faire de l'ego, du faux soi toujours prompt à porter des jugements, à se maintenir dans son isolement, coupé de *kairos* et du grand flot de conscience qui est l'essence de tout ce qui existe.

Lorsque j'ai accusé un homme que je connaissais à peine de poser en bienfaiteur spirituel, simplement pour épater la galerie, c'était mon ombre apeurée et honteuse qui parlait à ma place. Lorsque j'ai admis cette projection à une amie, elle a su adroitement replacer l'incident dans une perspective d'amour : « Eh Joanie ! Cela prouve que tu es un être humain, m'a-t-elle dit pour me rassurer. Je me sens très près de toi lorsque tu partages tes émotions avec moi comme tu le fais en ce moment. Je sais que je peux te faire confiance, parce que tu as le courage de te regarder en face et de dire la vérité, plutôt que de prétendre être parfaite. Ta franchise a bien plus de valeur à mes yeux que tes tentatives de jouer à mère Teresa. »

Éviter de juger les autres

Se libérer de ses illusions exige un effort volontaire pour s'approprier ses projections et devenir une personne vraie et complète, névroses incluses. C'est un entraînement dont on tire le plus grand profit. Vous noterez que lorsque vous êtes détendu et bien dans votre peau, vous avez bien moins tendance à projeter vos côtés sombres à tous venants. Conséquemment, le meilleur moment pour les identifier est lorsque vous êtes fatigué et tendu

— parce que c'est à ces moments-là que le flot de méchancetés est le plus susceptible de surgir comme un geyser.

Par exemple, lorsque mon avion atterrit à Denver au terme d'un long voyage, il m'arrive d'être étonnée de ma propre malveillance. Des commentaires acerbes sur les défauts réels ou imaginaires des autres passagers fourmillent dans mon esprit. Je deviens un membre actif de la police vestimentaire, de l'escadron des régimes alimentaires ou de la Gestapo des relations humaines. Lorsque cela se produit, ma première réaction est de m'en culpabiliser, ce qui accroît encore davantage ma honte et mon sentiment d'isolement.

Le courage ne consiste pas à condamner nos projections, mais à les accueillir plutôt avec compréhension et compassion. Vous vous sentez d'humeur massacrante ? C'est d'accord, soyez-le. Gardez-vous toutefois de passer aux actes ou d'être blessant. Au terme d'un festival de projections à l'aéroport, je suis devenue si douloureusement consciente de l'importance que j'accorde aux apparences, et de ma propre vulnérabilité à la critique, que j'en ai eu le cœur brisé. Essayant de comprendre ce qui se passait en moi, j'ai perçu l'écho d'un murmure, celui de la douce lamentation d'une enfant seule, vibrant au cœur de mes cellules. Une boule s'est formée dans ma gorge et mes yeux se sont emplis de larmes. Cette compassion s'est transformée en une présence prête à s'épancher, et je me suis sentie possédée par un amour irrésistible pour ces personnes que je venais pourtant de pourfendre sans pitié. Après tout, nous nous ressemblons tous tellement. Nous ne sommes que des êtres humains faisant de leur mieux pour être aimés.

Lorsque j'étais jeune, ce concept de prise de conscience de soi me semblait abstrait et inaccessible. Il m'est venu l'idée saugrenue qu'il devait s'agir d'une sorte de super-orgasme spirituel où, aux accords de la musique des sphères, nous faisions notre entrée dans un état de félicité éternelle. Il y a sûrement des états de la conscience comme celui-là, mais l'acceptation de soi est un cheminement beaucoup plus terre-à-terre. Cela signifie simplement que vous avez la volonté d'habiter votre personne dans son intégralité, incluant toutes les teintes de gris qui lui sont propres.

D'abord et avant tout, être fidèle à soi-même

Il existe un merveilleux conte hassidique au sujet de Rabbi Zusya qui, durant toute sa vie, s'était efforcé d'être un homme bon et juste. Lorsqu'il s'éteignit finalement (épuisé à la tâche sans doute) et se présenta devant Dieu, son Créateur, lui dit : « Zusya, il est clair que tu as été un être humain absolument fabuleux, aussi sage que Salomon et brave comme David. Mais, dis-moi, pourquoi n'as-tu jamais été capable d'être Zusya ? »

Autrement dit, si nous ne sommes que nous-mêmes, nous craignons que cela soit insuffisant. Mais voici la faille de ce raisonnement : les gens qui sont authentiques, et dont les imperfections sont apparentes, sont souvent perçus comme étant plus aimables que ceux qui semblent parfaits en tout point. Cela me rappelle une étude dans laquelle des chercheurs en psychologie présentaient deux photographies à des étudiants. On y voyait la même femme assise et élégamment vêtue, mais sur l'une d'entre elles, elle venait de renverser une tasse de café sur ses genoux. Les étudiants déclarèrent aimer davantage la femme dont la robe était tachée que sa contrepartie impeccable.

La triste vérité, c'est que le faux soi n'est pas foncièrement aimable, peu importe les efforts qu'il fait pour l'être. Il est tout simplement trop rigide, trop assuré de détenir la vérité. Il est plus facile d'aimer les êtres qui sont naturels — c'est-à-dire transparents et sans affectation. Je suis persuadée qu'un jour, les scientifiques identifieront l'endroit du cerveau où le « détecteur de poudre aux yeux » se trouve, car il est clair que nous en sommes tous équipés. Les gens qui projettent une image stylisée nous déconcertent — ils sont tout simplement trop beaux pour être vrais. Il est difficile d'entrer véritablement en contact avec eux, parce que leur masque est toujours là qui s'interpose.

Toutefois, lorsque les gens agissent avec franchise et se permettent d'être vulnérables, il y a alors quelque chose en eux qui nous touche. Alors, soyez vous-même, votre version unique et personnelle de Zusya. Il s'agit d'un exercice intime et élégant de présence, à la fois simple et facile, mais suffisamment puissant pour vous transformer, ainsi que les personnes qui vous entourent.

Lorsque j'anime des ateliers, il se produit souvent un tournant, un moment où un participant lance quelque chose qui brise la glace. Nous discutons de méditation, par exemple, et les gens posent d'abord des questions inoffensives. Je me glisse automatiquement dans la peau du professeur et les participants adoptent un comportement d'élève modèle. Nous connaissons ces rôles à la perfection — nous les avons répétés et polis toute notre vie —, mais nous ne sommes pas vraiment en contact les uns avec les autres. Cela ressemble à la lecture en commun d'un livre.

Puis, sans avertissement, une participante confie ce qui la préoccupe vraiment : «On a diagnostiqué la schizophrénie chez mon fils l'année dernière et je pense que je ne me remettrai jamais de cette douleur. Est-ce que quelqu'un peut m'expliquer ce que s'abandonner veut dire en pareille situation? Moi, je suis morte de peur. Qu'est-ce que la méditation peut faire pour moi de toute manière?»

Vous pourriez entendre tomber une épingle sur le plancher. Puis, survient l'exhalation collective de tous les souffles jusqu'alors retenus. Le centre d'attention de la plupart des participants s'est déplacé de la tête vers le cœur et nous nous rencontrons tous là,

dans ce lieu au-delà du jugement, décrit par le poète Rumi. À ce point, l'atmosphère est emplie de bienveillance. La douceur et la compassion circulent dans la pièce en un flot bienfaisant. Les masques tombent et la conversation devient profonde et vraie.

Le courage d'être sans peur et naturel est une simple question d'habitude. Il ne s'agit pas d'être rustre et de manquer de discernement — cela signifie simplement d'être honnête envers vous-même, d'affronter ce qui vous fait honte avec compréhension et indulgence. C'est aussi savoir se montrer vulnérable devant les autres, lorsque la situation est sans danger et qu'il est approprié de le faire.

· ◦ ● ◦ ·

Réflexions personnelles

Qu'avez-vous tendance à désapprouver le plus souvent chez les autres ? Examinez ces reproches et voyez s'il ne s'agit pas là d'une forme de projection. Si vous sentez toujours de la colère autour de vous, demandez-vous : « Pourquoi suis-je irritée ? » Si vous percevez de l'envie, posez-vous la question : « Pourquoi suis-je jaloux ? » Continuez à vous interroger, surtout dans les moments où vous vous surprenez à projeter vos états d'âme à tous vents.

Chapitre 14

La synergie du changement : découvrir un nous authentique

GD : Il n'y a eu qu'un seul moment au cours de notre vie commune — dont je vous entretiendrai un peu plus loin — où Joan a eu envie de me lancer son poing à la figure. Cet incident nous a révélé quelque chose de précieux à tous deux sur la nature des relations qui, de tous les processus de changements, sont certainement les plus houleux, risqués et exigeants qui soient.

La difficulté de cette danse complexe consiste à demeurer ouvert aux besoins de l'autre, à l'intérieur d'un échange fluide, sans toutefois perdre votre intégrité dans l'aventure. Cela s'applique à toute personne avec laquelle vous avez un lien important. Si votre partenaire et vous-même arrivez à préserver votre authenticité tout en demeurant réceptifs l'un à l'autre, en particulier au moment de prendre des décisions clés, alors des possibilités nouvelles et créatrices émergent. En incluant et en surmontant vos différences, vous pouvez former quelque chose de plus grand que la somme de vos désirs, talents et efforts individuels.

Cette nouvelle possibilité dans les relations est une transformation magique connue sous le nom de *synergie*, l'émergence d'une intelligence collective ou d'un *nous* authentique. C'est l'équivalent de la grâce qu'un orchestre atteint par l'harmonisation — qui n'est pas une neutralisation dans l'uniformité — de la riche diversité des instruments. Si votre partenaire et vous (époux, collègue, membre de la famille ou autre) ne réussissez pas à trouver cet accord, il y a de fortes chances que l'une des parties, ou même les deux, soient sur le chemin d'une dangereuse régression. Être exagérément conciliant, toujours prêt à jouer le rôle de second violon pour préserver la relation à tout prix, mène à un conformisme insipide — un faux « nous » qui est non seulement inconscient, mais sans âme. Vous ne faites pas vraiment partie de la relation et tous sont perdants.

La fine démarcation, le « fil du rasoir », entre le véritable et le faux « nous », c'est le risque que nous sommes prêts à courir pour dire la vérité. Il ne peut y avoir de vrai *nous* si les deux ne sont décidés à être un « moi » à part entière, à s'abandonner sans réserve et en toute transparence en présence de l'autre. Bien sûr, nous ne voulons pas nous entredéchirer, pas plus que nous ne voulons être rejetés, abandonnés ou punis — ce sont là des risques réels, le cerceau enflammé dans lequel nous devons nous élancer. Notre intégrité, notre originalité, notre vérité et notre compassion sont toutes requises si nous voulons accéder à cette complémentarité évoluée que représente l'intelligence collective. Si nous ne sommes pas déterminés à être sincères, un fiasco assuré suivra, et c'est ce que Joan et moi avons découvert un soir, à notre grand désarroi.

L'épisode de Huatulco

Nous étions en vacances à Huatulco, une petite ville somnolente sur la côte du Pacifique au Mexique. C'était un dimanche soir, peu après le coucher du soleil, et nous roulions en taxi en direction d'un restaurant romantique avec vue sur la mer, au sujet duquel nous avions entendu monts et merveilles. Étant tous deux affamés, et sachant que la cuisine promettait d'être excellente, nous avions très hâte d'y dîner. Hélas! En arrivant au pied de l'escalier menant à la plage où se trouvaient le bar et les tables, nous avons constaté qu'il était fermé. Nous sommes revenus sur nos pas pour nous diriger de l'autre côté de l'esplanade, sombre et déserte, où le taxi nous avait laissé un moment auparavant.

L'enseigne lumineuse d'un restaurant qui, nous avait-on prévenus, avait la réputation d'offrir une nourriture aussi chère qu'exécrable, brillait dans la nuit. Comme il n'y avait pas de taxi ni même de voitures dans les parages, nous rendre dans un autre secteur de la ville aurait pris beaucoup trop de temps.

Joan était affamée et son taux de sucre s'affaissait comme les cours boursiers après l'explosion d'une bulle spéculative. Elle voulait manger sans perdre une minute, ou le plus tôt possible. Dans la direction où nous marchions, la chatoyante lueur d'une enseigne au néon, dont la source était cachée par une courbe du chemin, annonçait peut-être une solution de rechange satisfaisante pour notre dîner. Elle me fascinait et m'attirait tel un phare... mais j'étais le *seul* à subir son envoûtement. Après tout, j'étais celui de deux qui attachait plus d'importance à ce qu'il allait manger qu'à l'heure de passer à table. De plus, j'étais réticent à l'idée de consommer — au prix fort — une nourriture douteuse. J'aurais voulu que Joan consente à faire encore un tout petit effort pour explorer ce bout de chemin, tant pour son propre bien (pensais-je) que pour celui de mon estomac. Toutefois, elle répugnait à poursuivre une expédition, aussi inutile qu'épuisante à ses yeux, au cœur d'une nuit désespérante où rien ne semblait vouloir marcher.

Nous avons atteint une plate-forme de ciment où les tables du restaurant, dont la plupart étaient inoccupées, étaient dispo-

sées comme un piège. Un garçon portant un veston blanc — j'ai probablement rêvé ses huit jambes — s'affairait derrière le comptoir, au milieu de ce lieu propre et bien éclairé. Sur une table, des crevettes d'une taille impressionnante, mais pathétiquement molles, reposaient sur un lit de glace. Ces spécimens peu appétissants étaient le spécial de la soirée... offerts à un prix quatre fois supérieur à celui payé pour tout autre repas pendant notre séjour au Mexique. Joan mangea ses fruits de mer flasques avec soulagement et — à vrai dire — résignation. J'ai à peine touché au contenu de mon assiette, mon palais et mon portefeuille tous deux saisis par une même révulsion. Ensuite, nous avons marché au-delà de la courbe mentionnée plus tôt pour constater que la lueur émanait de l'enseigne au néon... d'une pizzeria! D'appétissants arômes nous mettaient l'eau à la bouche, mais l'endroit fermait justement ses portes à ce moment-là. Si seulement... et puis zut!

Nous étions chacun sous le coup d'une sourde colère, éprouvant l'un pour l'autre un vif ressentiment. Je m'en voulais parce que je m'étais montré trop conciliant et que j'avais abdiqué mon propre jugement (après tout, rien n'est plus mortifiant que l'auto-trahison). De son côté, elle me reprochait de ne pas avoir été sensible à ses besoins. Tout cela peut paraître bien inoffensif, mais il s'agissait de la pire déception de notre jeune relation et cet événement conserve encore à ce jour ce triste honneur.

Le lendemain matin, au petit déjeuner, nous étions les seuls clients attablés sur l'exquise véranda surplombant un paisible terrain de golf. Le café était délicieux, mais la tension était toujours palpable entre Joan et moi. Je lui ai demandé si elle connaissait l'histoire d'Orphée. Lorsqu'elle m'a répondu qu'elle l'ignorait, j'en ai entrepris la narration sur le ton le plus dramatique, et aussi le plus satirique, dont j'étais capable.

Orphée, dont les chants étaient si touchants qu'ils amadouaient les bêtes sauvages, s'était rendu jusqu'au Royaume des ténèbres pour ramener Eurydice, son amour enlevé. Le Dieu des enfers accepta de la libérer à une condition. Sur le chemin du retour, peu importe ses appels déchirants, Orphée devait éviter de regarder sa compagne, jusqu'à ce qu'ils soient de retour en sûreté sur Terre. S'il cédait, il la perdrait pour l'éternité. Eurydice ne savait pas qu'en ignorant ses prières et en refusant de se tourner vers elle, Orphée agissait pour leur bien à tous les deux. Lorsqu'il céda (pourtant conscient du drame imminent), il vit le visage horrifié d'Eurydice s'évanouissant dans les ténèbres, et pour toujours cette fois-ci.

« Après avoir écouté cette histoire, et à la lumière de ce qui s'est produit hier soir, qu'est-ce que cela t'inspire maintenant, ai-je demandé à Joan, sur un ton joyeusement provocateur. »

Elle garda le silence un court moment et répondit simplement : « De te balancer mon poing à la figure ! »

Le résultat fut instantané. Je me suis renversé sur ma chaise en riant aux éclats. Presque aussitôt, Joan pouffa de rire à son tour. L'absurdité de cette parabole, destinée à mettre en valeur mon personnage « d'homme raisonnable », était évidente et sa réponse, parfaitement appropriée. La tension se dissipa comme par enchantement.

Notre « épisode de Huatulco », comme nous l'appelons maintenant, était un incident mineur, mais il nous a offert une occasion privilégiée d'explorer le thème de l'interdépendance. Nous avons alors réfléchi à cette question ensemble : « Comment racheter notre expérience de la veille ? Que faire pour éviter qu'elle ne se répète ? » J'ai compris que j'aurais dû montrer à Joan que j'étais sensible à ce qu'elle vivait à ce moment-là. Elle était épuisée, tendue, et avait besoin d'un réconfort immédiat. Mais j'aurais pu aussi défendre mon point de vue, en l'invitant à se reposer un moment à la Maison des Crevettes Flasques, lui expliquant que je désirais poursuivre mon exploration au-delà de la courbe avant d'arrêter notre choix. (Nous avons aussi pris la décision de toujours avoir sur nous des barres énergétiques, afin d'éviter de faire à nouveau des choix douteux sous la pression de la faim.)

Plonger dans l'inconnu

Toute relation vécue est un plongeon dans l'inconnu. Chaque moment est un tournant, qui offre la chance d'approfondir ses rapports avec les autres et avec soi-même. En termes du rite de passage en trois parties, le début d'une relation, peu importe sa nature, marque la fin de votre existence solitaire. Vous entreprenez alors un pèlerinage en territoire étranger où vous n'êtes plus seul. Vous affrontez diverses épreuves et mettez en valeur de nouvelles qualités, durant la période de transition entre la fin du *moi* indépendant et la découverte d'un *nous* interdépendant. Enfin, la phase de retour, si elle est atteinte, donne lieu à une mystérieuse synthèse. Les deux partenaires, tout en préservant leur propre autonomie, grandissent mutuellement à l'intérieur d'un être de plus grande envergure — ce que les Allemands appellent *mitsein* ou *être ensemble*.

Ce qui rend le *mitsein* possible, au-delà de tout autre facteur, est l'amour partagé de la vérité. Si ce désir mutuel de la vérité est absent, il en résulte soit une impasse, soit un accommodement, ouvrant la porte à l'auto-trahison et au ressentiment. La lauréate du Prix Nobel, Shirin Ebadi, évoquant une parabole perse, expliqua à un auditoire de diverses confessions que la vérité était autrefois un miroir entre les mains de Dieu. Un jour, le miroir

« glissa des mains de Dieu et se brisa en mille morceaux. Chacun s'empara d'un fragment et proclama qu'il possédait l'entière vérité. » Notre défi est de nous accrocher à notre part individuelle de vérité, avec courage et loyauté, tout en honorant l'apport des autres, reconnaissant ainsi la possibilité d'une plus grande complémentarité.

Le mot *relation* provient du latin *relatio*, qui veut dire *relater*. Si vous me *relatez* honnêtement ce qui se passe en vous et que, réciproquement, je vous révèle ce que je vis, nous entretenons une *relation*. Autrement, nous sommes comme deux livres fermés placés côte à côte. Joan et moi, au cours de « l'examen de notre interaction » sur la véranda ensoleillée, étions finalement en relation l'un avec l'autre, apprenant de notre expérience commune... et de nos différences. Nous étions là, attablés devant un agréable petit déjeuner, festoyant en réalité sur les ruines de notre soirée ratée de la veille.

Lorsque les partenaires se soutiennent de cette manière, disposées à grandir dans le changement plutôt qu'à se diminuer mutuellement, la relation donne naissance à un véritable *nous*, avec sa propre vitalité et son identité créatrice. Comme le rabbin du premier siècle, Rabbi Hillel, a demandé : « Si je ne suis pas là pour moi, qui le fera à ma place ? Si je ne suis là que pour moi, que suis-je ? Et si je ne suis pas là maintenant, quand le serai-je ? »

Le défi posé par la relation est de prendre parti pour soi-même, dans le sens du choix de sa propre direction, tout en étant là pour l'autre, d'une manière respectueuse et positive. Il s'agit d'un équilibre délicat et critique entre la vérité et la compassion. Et, comme Hillel le suggère, il n'y a pas de moments plus propices que « maintenant » pour découvrir la signification de l'amour en action dans ce processus.

◦ ◦ ● ◦ ◦

Réflexions personnelles

Pensez à différentes situations où vous vous êtes trouvé en conflit avec des êtres qui comptaient à vos yeux. Divisez une feuille de papier en deux colonnes : dans celle de gauche, décrivez ces situations et ce que vous avez pensé ou ressenti. Dans la colonne de droite, écrivez ce que vous avez dit ou fait. Là où vous découvrez des incohérences entre vos états d'âme et vos réactions, expliquez de quelle manière la situation s'est finalement résolue. Les choses auraient-elles pu se passer différemment ?

Chapitre 15

Laisser *sa marque*

JB : La troisième et dernière partie du rite de passage est le retour. Ayant franchi la transition et affronté les épreuves, l'initié, dans la traversée du changement, possède maintenant une bien meilleure compréhension de ses forces et de ses dons. Le voyage est complet lorsque ceux-ci sont offerts à la communauté, pour le bien de tous. Toutefois, lorsque nous nous rendons compte que nous ne sommes qu'un individu isolé, une goutte d'eau dans l'océan, le découragement nous gagne parfois. Que pouvons-nous faire et par où devrait-on commencer ?

Voici un exemple qui me semble pertinent, que j'ai tiré d'une section de mon journal personnel écrite en 2004.

Je traverse l'aéroport et un téléviseur juché au plafond diffuse bruyamment les informations de fin de journée. Je m'assois pour attendre mon vol et je me laisse rapidement hypnotiser par les images horribles d'une jeune femme souriante, en tenue de soldat, traînant en laisse un prisonnier irakien maigre et misérable. Il est nu et humilié — il s'agit d'un être humain, peu importe les accusations qui pèsent sur lui. Mais la petite soldate au visage de lutin ne peut certainement pas le voir ainsi. Indifférente à sa douleur et à sa dignité bafouée, elle le dépouille de son humanité et, par ricochet, elle se déshumanise aussi. Je me cache la figure, car j'ai honte pour elle. Je suis aussi infiniment triste en pensant aux souffrances sans fin que la vengeance apportera fatalement dans son sillage. Finalement, accablée par l'horreur de toute la scène, je me plonge dans un roman policier, cherchant étrangement refuge dans un univers qui, à coup sûr, comporte encore plus de violences.

Au même moment, l'évidence que je ne suis pas tellement différente de la jeune femme souriante tenant la lanière me saute aux yeux. J'ai tourné le dos à ce qui doit être changé, parce qu'il est tout simplement trop douloureux de le regarder en face. Qu'est-ce que je peux y faire ? Faute d'une meilleure idée, je me suis simplement anesthésiée. Ma compassion naturelle m'a abandonnée. Et les mécanismes habituels de déni, de blâme et de démission de mon ego ont pris le dessus. Je le sais et je hais ce qui m'arrive... mais je continue de lire ce foutu roman malgré tout.

Au cours des mois suivants, je me suis mise à la recherche d'une action sociale dans laquelle m'engager. Je réfléchissais en même temps à ce qui s'opposait chez moi à la naissance d'une vision pour changer les choses. Comme il était clair que l'abrutissement n'était pas la réponse à mon manque d'inspiration, j'ai entrepris un processus de questionnement : « Qu'est-ce qui m'empêche de faire quelque chose ? » me suis-je demandé. Et il m'est soudainement venu à l'esprit que l'adversaire le plus commun de l'engagement, c'est le sentiment d'impuissance, la peur de ne pas avoir ce qu'il faut pour changer quoi que ce soit. Alors, à quoi bon s'en préoccuper ?

Helen Keller — qui a certainement dû se sentir impuissante la majeure partie de sa vie — m'a directement interpellée par ces paroles : « Je ne suis qu'une, néanmoins, je suis une. Je ne peux pas tout faire, mais je peux tout de même faire quelque chose. » Lorsque j'anime un séminaire quelque part au pays, il arrive qu'on me tende un billet de remerciement à la fin ou qu'une personne vienne me dire que j'ai contribué significativement à sa guérison. Sans doute m'est-il impossible de mettre un terme au cycle horrible des meurtres, de la déshumanisation et de la vengeance qui a consumé la grande famille humaine depuis le début des temps. Je *peux* néanmoins aider une famille à trouver le pardon.

Lorsque je pense aux personnes que j'ai été capable de soutenir, cela me rappelle l'histoire de cette enfant qui se tenait sur la plage, rejetant au large les étoiles de mer venues s'y échouer. Lorsqu'un adulte lui fit le commentaire qu'il y avait trop d'étoiles de mer en détresse et que ses efforts étaient inutiles, l'enfant regarda pensivement celle qu'elle tenait à la main et dit : « Eh bien ! Pour celle-là en tout cas, cela en aura valu la peine. »

Nous avons tous quelque chose de grande valeur à offrir. Mais il nous arrive trop souvent de penser que le don d'un d'autre est plus précieux que le nôtre. Le grand classique de la littérature hindou, la Bhagavad Gita, nous conseille de faire simplement notre devoir, car essayer de faire celui d'autrui nous expose à un grand danger spirituel. Saint Paul exprimait quelque chose de semblable lorsqu'il évoquait les divers dons de l'Esprit, dont tout individu est dépositaire. Certains possèdent, par exemple, le don de la guérison ; d'autres, un instinct politique très fin ; d'autres encore, l'art d'être de bons parents ou le sens de l'organisation. Autrement dit, la question la plus sensée pour moi dans ce contexte n'est pas : « Pourquoi ne suis-je pas l'égale de la super-activiste Eva Ensler ? », mais bien : « Comment puis-je employer au mieux les talents que *j'ai reçus* pour laisser ma marque dans le monde ? »

Lorsque vous faites ce que vous seul pouvez accomplir — au lieu d'essayer d'imiter les autres —, des choses étranges et magnifiques viennent souvent insuffler encore plus de grandeur à votre vision. C'est comme si le chemin venait à votre rencontre, que les circonstances se conjuguaient avec fluidité, d'une façon mystérieuse et élégante, au-delà de la portée de vos efforts individuels.

Il existe une raison scientifique pour laquelle cela pourrait bien être vrai. Dans les années 60, le météorologue Edward Lorenz modélisait les tendances climatiques à l'aide des ordinateurs les plus puissants de l'époque. Il découvrit que le système climatique était dans un état de chaos permanent si imprévisible que le battement soudain des ailes d'un monarque, à Mexico, pouvait provoquer des turbulences capables, en s'amplifiant, de changer les conditions météorologiques en Mongolie extérieure. Les théoriciens du chaos ont nommé ce phénomène « l'effet papillon ». C'est pourquoi une simple modification de votre attitude ou de vos intentions peut vraiment changer le monde, si les conditions sont propices et que votre direction est claire.

Plus le chaos est intense, plus grandes sont les chances pour qu'un simple individu puisse jouer un rôle significatif. Ainsi, au moment de la débâcle du régime despotique de l'ex-Union soviétique, Boris Yeltsin, en défiant les chars sur la Place Rouge, changea le cours de l'histoire contre un seul acte de courage.

L'anthropologue Victor Turner appelle le chaos de la liminalité, lorsque l'ordre ancien est révolu et que le nouveau est encore à naître, « le royaume du possible ». C'est l'époque où tout ce que nous pouvons imaginer, ou espérer, a la plus grande chance de se réaliser. Si nous agissons à ce moment-là, des alliés inattendus

et des ressources insoupçonnées se manifesteront pour ajouter de nouveaux atouts dans notre jeu. Le chaos possède les deux significations de *potentia* — il est à la fois la « potentialité » et la « puissance ». Lorsqu'il règne, il suffit parfois d'un effort minimal pour produire d'énormes changements.

· •●• ·

Réflexions personnelles

De quel don, ou de quelle qualité unique, disposez-vous qui pourrait contribuer à faire de notre monde un meilleur endroit où vivre ? Pensez localement, en ayant à l'esprit votre propre milieu, lorsque vous répondrez à la question précédente. Comment pourriez-vous lui en faire présent ?

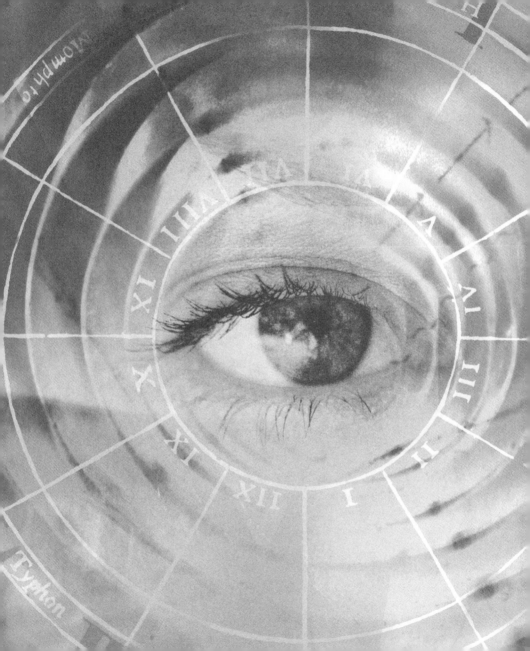

Chapitre 16

Découvrez votre *vision*

GD : Il y a une différence fondamentale entre le changement qui « nous arrive » et celui que nous initions. La distinction se trouve dans notre capacité innée, comme être humain, de voir et d'actualiser le potentiel qui existe juste sous la surface de notre réalité actuelle. Les circonstances présentes, même si elles sont parfois écrasantes, contiennent toujours cette semence du possible. La percevoir, d'une manière qui oriente et anime notre désir de l'aider à s'épanouir pour le bien commun, est l'essence même d'une vision. Sa naissance marque le passage réussi du stade du seuil d'un rite de passage.

Faire présent de cette vision à la communauté est le troisième et dernier acte : celui du retour. L'histoire d'une femme ordinaire, Bernadette Cozart, est un exemple inspirant de la façon par laquelle nous pouvons imaginer une nouvelle vision pour l'avenir, même lorsque la situation semble désespérée.

Au début des années 80, Bernadette arriva à Harlem avec pour tout bagage un diplôme en horticulture et son grand cœur. Le quartier urbain asphalté qui l'attendait était loin d'être le paradis des jardiniers. Des terrains vagues couverts d'ordures, de débris de verre et de déchets dangereux offraient un refuge aux rats, aux trafiquants de drogues et aux accrocs hébétés du voisinage. Là où auraient pu exister des parcs invitants et des aires de jeu sécuritaires pour les enfants, seules des poches de désespoir et d'abandon s'offraient aux regards. La plupart des résidents des environs restaient tapis dans leurs logements locatifs, plutôt que de se risquer trop près de ces dangereux parages.

Devant ce tableau désolant, Bernadette aurait pu tout simplement condamner la situation et vaquer à ses affaires, fermant les yeux avec résignation comme la plupart de ses voisins l'avaient fait. À la place, elle choisit de faire sienne la célèbre affirmation de Gandhi : « Nous devons être le changement auquel nous aspirons. »

L'expérience passée de Bernadette, sa grandeur d'âme et son imagination débordante se conjuguèrent pour l'aider à voir au-delà du désespoir et du chaos. Elle eut une vision de ce que ces véritables dépotoirs à ciel ouvert pouvaient devenir : il était possible de les transformer en jardins communautaires. Elle vit aussi qu'en faisant participer les voisins dans l'aménagement et l'entretien de ces îlots de verdure, elle les inciterait à sortir de leurs appartements, redonnant un tout nouveau sens à la vie de quartier. Armée seulement de son rêve, de son talent et de son engagement à le réaliser, Bernadette aida Harlem à faire un pas décisif vers un avenir meilleur.

Lors d'une entrevue accordée à la Radio publique nationale, Bernadette mentionna qu'elle avait obtenu un appui financier de la communauté d'affaires locales et orchestré la création de plus de 100 jardins communautaires. Des aînés partageaient leurs compétences horticoles, acquises dans leurs régions rurales d'origine, avec les jeunes du voisinage, leur offrant une alternative enrichissante aux gangs de rue et à la violence. Les jardins étaient pourvus de barrières dont les clés avaient été confiées à des gardiens choisis dans le quartier. Les plantes cultivées étaient cueillies et vendues au bénéfice de la communauté. Et des carillons éoliens ainsi que des sculptures de jardin, dons de propriétaires de commerces locaux, agrémentaient les lieux.

Au moment de l'arrivée de Bernadette à Harlem, la ville était déchue de son ancienne grandeur et sa renaissance sous une nouvelle forme n'était pas encore en vue. Le stade préliminaire du renouveau, avec son cortège de chaos et d'incertitudes, est un terrain d'essai naturel pour lancer une nouvelle vision. La manière par laquelle les gens ordinaires, comme Bernadette, deviennent des agents de changements sociaux qui «perçoivent le possible» contient une leçon d'une grande valeur pour nous tous. Par leur exemple, ils nous montrent comment développer une vision à notre tour. Il est intéressant de se poser ici la question : « Qu'est-ce qui lui a permis d'être de voir l'espoir et la vie dans cette situation, alors que personne d'autre ne le pouvait ? »

Une partie de la réponse se trouve sans doute dans le fait que Bernadette était étrangère à Harlem et qu'elle n'était pas prisonnière de sa culture de désespoir. Elle a pu voir le voisinage avec des yeux nouveaux précisément parce qu'elle venait «de l'extérieur». Ce qui suscite une autre question : «Comment pouvons-*nous* sortir d'une situation intenable, que nous tolérons jour après jour comme si cela faisait partie de l'ordre naturel des choses ? » La réponse comporte deux volets : (1) prendre d'abord conscience de notre souffrance ; et (2) imaginer ce qui se produirait si nous parvenions à nous libérer de la situation qui la cause.

L'œuvre de l'éducateur brésilien Paolo Freire nous offre une excellente illustration de cette démarche en deux étapes. Ayant grandi dans l'une des cités les plus pauvres du pays, il avait observé que les habitants des *barrios* semblaient incapables de changer leurs conditions sordides d'existence. Selon lui, l'absence même de mots, qui leur aurait permis de décrire leurs malheurs, expliquait cette impuissance. Coupés du monde et prisonniers de leur propre ignorance, ils étaient à l'image du poisson proverbial qui ne s'était jamais rendu compte qu'il vivait dans l'eau. Jusqu'à ce qu'ils puissent émerger de ce que Freire appelait leur « culture du mutisme », il n'y avait aucun espoir de changement.

La méthode employée par Freire pour aider ces gens à briser le silence consista à photographier différents quartiers de la ville. Il invita ensuite les gens à regarder ces images et, en compagnie d'une équipe de travailleurs sociaux, ils apprirent à leur donner une signification. Il les aidait ainsi à se rendre compte d'une situation qui aurait dû leur crever les yeux, mais dans laquelle ils baignaient comme le poisson dans son bocal. Lorsqu'ils furent en mesure de nommer leurs terribles conditions de vie pour la première fois — et d'exprimer ce qu'ils ressentaient concernant celles-ci —, ils cessèrent d'être des prisonniers inconscients, totalement identifiés à leur sort. Enfin, ils étaient en mesure d'imaginer, et par conséquent de créer, des alternatives. Le poisson venait de découvrir l'eau.

La méthode du questionnement « appréciatif »

Nommer est une forme de réflexion profonde sur soi-même, qui nous permet de nous défaire de nos chaînes. Le philosophe français contemporain, Paul Ricœur, a écrit que : « Le langage est la lumière des émotions. Par la confession, l'homme devient discours, même en face de sa propre absurdité, de sa souffrance et de son angoisse. » Ainsi, quand une femme peut avouer la vérité et nommer le problème de sa famille, l'alcoolisme de son mari et sa propre co-dépendance, par exemple, la guérison peut commencer. Le système familial se libère de ce que l'on pourrait comparer à un éléphant assis au milieu du salon.

Un processus analogue de « dés-identification » survient lorsque des individus ayant confusément ressenti de l'anxiété, de la culpabilité et du désespoir pendant des années comprennent soudainement que ces schémas familiers de pensées et d'émotions sont les symptômes d'une dépression. Ce n'est que lorsque le problème a été nommé qu'il est possible de trouver le traitement approprié et de faire naître en eux une vision libératrice.

Dans mes activités de consultant en développement organisationnel, je suis souvent invité par des entreprises qui ont besoin d'aide pour identifier leurs difficultés et formuler une vision d'avenir. D'abord, je rencontre les personnes qui y travaillent. Ces entrevues se déroulent en suivant un schéma prévisible : le premier tiers de l'entretien est consacré à ventiler la frustration et, parfois aussi, la colère. Le tournant survient lorsque je leur demande de partager leurs espérances, en leur posant des questions comme celles-ci : « Comment les choses pourraient-elles être différentes ici ? » ou « Quel potentiel inexploité voyez-vous dans cette compagnie ? » Presque invariablement, il en résulte un déluge d'idées créatrices et des élans de générosité jusqu'alors refoulés. Abraham Maslow a bien compris que nous ne faisions pas que réprimer notre nature primitive, comme Freud le suggérait. Nous occultons aussi le côté le plus élevé de notre être, un phénomène qu'il appelait « le refoulement de la noblesse ».

David Cooperrider, professeur à l'Université Case Western, a mis au point une méthode pour aider les gens travaillant en entreprises, ou dans tout autre type d'organisations, à revendiquer haut et fort leur noblesse et à découvrir une vision collective. Il s'agit d'un exercice de discernement appelé *questionnement appréciatif*, dans lequel l'accent est mis sur la découverte des sources de joie qui font que la vie, dans les circonstances présentes, vaut la peine d'être vécue.

Bernadette Cozart a tourné son regard vers la terre vivante ensevelie sous les détritus des terrains vacants de Harlem. Elle était portée par la vision de ce que ses résidents gagneraient lorsqu'ils l'auraient révélée à la lumière du jour. En nous tournant vers ce qui est déjà présent, même s'il ne s'agit que d'un murmure, et en appréciant à sa juste valeur ses promesses, une « vision » commence à nous interpeller. Ce que nous cherchons dans ce processus de discernement, c'est le germe de la vie. Qu'y a-t-il

« là-dessous » de bien vivant, que nous pourrions entourer de nos soins et aider à grandir ?

Réflexions personnelles

Pensez à un aspect de votre vie de tous les jours dont vous êtes insatisfait. Quel est le potentiel insoupçonné de cette situation ? Faites un effort d'imagination pour vous représenter ce qu'elle pourrait être idéalement. Y a-t-il un geste que vous pouvez poser pour que cette vision devienne réalité ?

Chapitre 17

Une méditation dirigée :

la présence *consciente*

L'exercice de méditation qui conclut ce livre demande une période d'une vingtaine de minutes ininterrompue, au cours de laquelle vous pourrez vous détendre et vous plonger entièrement dans le moment présent. Si d'autres personnes se trouvent à la maison, une bonne idée serait de les informer que vous ne serez pas disponible à ce moment-là. Débrancher le téléphone est aussi un préliminaire judicieux. Si vous êtes novice en méditation, nous vous suggérons de faire cet exercice une ou deux fois par jour, six jours par semaine. S'accorder une journée sabbatique est indiqué, même en ce qui concerne la méditation. En outre, faites-en l'essai pendant un mois avant d'évaluer l'effet que cela produit chez vous.

La méditation requiert une aptitude à la concentration qui se développe avec le temps. Alors, soyez indulgent envers vous-même si votre esprit vagabonde. Faites simplement la constatation qu'il s'est égaré et remettez-le sur la voie. Il existe un vénérable aphorisme de la méditation qui compare l'esprit à un puissant taureau. Il devient furieux si vous l'enfermez dans un petit enclos, mais, si vous le libérez dans un vaste pâturage, il s'apaisera naturellement.

Le vaste pâturage est une attitude de curiosité spirituelle. En d'autres mots, ce qui arrivera ensuite au cours de la méditation n'a pas d'importance — un état en vaut un autre. La tension ou la paix, la joie ou la peine, l'ennui ou l'excitation sont d'égales valeurs. Ils ne sont foncièrement ni bons ni mauvais; ils surviennent simplement à un moment dans le temps. Attendez une minute, ou seulement quelques secondes, et autre chose se présentera. Les pensées sont aussi fugaces que les nuages.

Prenez conscience de vos pensées et de vos émotions changeantes avec la curiosité candide d'un enfant : « Eh, il y a la paix ici ! » ou « Oh ! voici venir la colère. » Gardez-vous de porter un jugement sur vos pensées et vous verrez qu'elles passent ainsi plus aisément. Vous pourrez vous détendre et apprécier de quelle manière elles flottent dans le ciel bleu et pur de votre esprit. Le ciel est spacieux — il n'essaie pas de retenir les nuages. Et même si de lourdes nuées l'envahissent, le firmament dans lequel elles

planent demeure paisible. C'est l'attitude « d'amplitude », le vaste
pâturage de l'esprit. La méditation consiste à vous identifier au
ciel vaste dans lequel les nuages instables apparaissent et s'évanouissent, plutôt qu'avec la tempête elle-même. Le ciel est l'Être
pur, l'expérience de l'Instant même. Lorsque vous y êtes, vous
êtes présent, dans votre centre.

Avec le temps, cette sensation d'amplitude se transpose dans
votre vie de tous les jours. Vous entrapercevez plus souvent votre
centre, votre esprit naturel, l'état de présence. Au lieu de voir le
monde à travers le voile de vos pensées, vous le percevez directement, face à face. Pendant ces précieux moments de l'Instant
présent, votre moi tout entier devient un grand et reconnaissant
« Merci » à l'univers, pour tous les dons de la vie. Ce sont justement ces aperçus spontanés de l'Être qui nous motivent à persévé-
rer dans la méditation, ou à en reprendre la pratique après l'avoir
délaissée un certain temps.

Nous vous invitons à faire une petite expérience. Laissez
votre corps se détendre et pensez intensément à un objet familier,
comme à votre téléphone par exemple. Avec les yeux de l'esprit,
observez-le tel qu'il est, dans tous ses détails. Il est fort probable
que vous noterez des particularités que vous n'avez jamais remar-
quées auparavant. Les « étiquettes », les idées préconçues figent
notre expérience et nous empêchent de voir avec des yeux nouveaux. Plutôt que de voir le monde tel qu'il est, nous demeurons

prisonniers de nos idées préconçues et la spontanéité de l'expérience s'évanouit. Lorsque vous êtes conscient, les étiquettes se détachent et vous vous ouvrez à un monde de joies sans cesse renouvelées.

∙ ● ∙

**Ce qui suit est la transcription du CD
de méditation inclus dans ce livre.**

Commencez par desserrer tout vêtement trop ajusté. Si vous êtes assis sur une chaise, posez les deux pieds sur le plancher. Si vous êtes assis sur un coussin au sol, assurez-vous que vos jambes sont dans une position confortable et qu'elles vous soutiendront sans effort au cours des 20 minutes que durera l'exercice. C'est ce qu'on appelle l'*asana*, ou siège, et plus votre corps s'y sent à l'aise et stable, plus le retour de votre esprit en lui-même sera facile. Votre dos est droit afin d'assurer une respiration facile. Vos mains reposent entre vos genoux, paumes tournées vers le haut, la main dominante placée en dessous, tenant l'autre délicatement. C'est que qu'on appelle le *mudra cosmique*.

Imaginez qu'un fil invisible est fixé au sommet de votre tête, et que votre corps y est suspendu comme une marionnette. Laissez-vous pendre sans effort à ce fil. Votre tête est droite et centrée au-dessus du corps. Votre colonne vertébrale est bien droite, mais détendue. Relâchez les épaules, afin qu'elles trouvent leur équilibre naturel. Maintenant, laissez vos paupières se détendre. Vous pouvez décider de fermer complètement les yeux ou leur permettre de flotter doucement entre deux eaux... Laissez-vous aller. Votre corps trouve sa position de confort optimal, son centre d'équilibre.

Maintenant, remarquez la surface qui vous supporte et sa pression contre votre corps...que ressentez-vous à ce contact ? Prenez-en simplement conscience. Remarquez de quelle manière l'énergie que vous êtes change constamment. Pouvez-vous sentir l'énergie qui vient de la terre ? Il n'est pas vraiment important que vous la sentiez ou non. Soyez simplement curieux et réceptif, afin de remarquer tout ce que vous pouvez sur le flot d'énergie vitale, l'énergie qui s'écoule autour de vous et en vous...

Tournez maintenant votre attention vers votre *hara*, votre centre physique et spirituel situé au milieu de votre corps, à environ deux pouces au-dessous du nombril. Respirez par le nez (à moins que vous ne soyez congestionné), laissez votre inspiration descendre dans votre *hara* et dilater votre abdomen. Il est très agréable de simplement sentir le rythme de la respiration. L'abdomen se gonfle lors de l'inspiration, et se dégonfle lors de l'expiration. Vous pouvez concentrer votre attention encore plus subtilement en comptant vos respirations... Inspirez dans le *hara*. Sentez l'énergie de votre respiration. Votre abdomen se gonfle.

Dites mentalement le nombre 10. Expirez l'air de votre *hara*. Votre estomac s'aplatit – répétez 10. Inspirez à nouveau – vous êtes maintenant rendu à 9 – et expirez – répétez 9. Continuez à compter à rebours, retranchant « un » à chaque cycle complet de respiration. Si votre esprit vagabonde, recommencez simplement à l'endroit où vous pensiez être, jusqu'à ce que vous soyez rendu à 1. Si vous y arrivez avant mon retour, continuez simplement, en comptant – 1 – en inspirant, et – 1 – en expirant.

Chaque expiration est une occasion de vous détendre, de lâcher prise et d'être présent au flot continuel d'énergie en mouvement, en vous et autour de vous.

Où votre énergie se termine-t-elle et où commence l'énergie de tout ce qui vous entoure ? Explorons cela ensemble. Qu'avez-vous remarqué au sujet de vos inspirations et de vos expirations ? Les sentez-vous comme étant de l'énergie ? Que remarquez-vous au sujet du souffle qui vous respire ? Que sentez-vous dans votre corps, alors qu'il accueille et interagit avec ce souffle ? Vous semblez être deux, le corps et l'air... l'air et le corps... respirant. Et, dans cette respiration, ils se rencontrent pour devenir un. Prenez conscience de cette union. Il n'y a plus de corps. Il n'y a plus de souffle. Seulement la respiration. Au repos, à l'endroit où deux sont devenus un, respirant.

Tournons notre attention ailleurs. Pouvez-vous entendre des sons ? Que ressentez-vous lorsque les sons pénètrent dans votre corps ? Les sons entrent. Le corps reçoit. Pouvez-vous trouver l'endroit où il n'existe plus de sons distincts, plus d'oreilles pour entendre, seulement la pure sensation du son lui-même ? L'énergie...l'énergie en mouvement...en changement. Restez paisiblement à cet endroit, là où le son et la personne qui écoute ne font plus qu'un.

Déplaçons à nouveau notre attention. Peut-être avez-vous remarqué les pensées qui surgissent de nulle part, et qui s'évanouissent ensuite. Elles viennent et vont constamment. Des pensées qui se glissent en vous comme des nuages qui passent dans le vaste ciel bleu et limpide de votre esprit. Il y a les pensées et le penseur qui remarque les pensées. Cherchez le lieu où les pensées et le penseur ne font plus qu'un...simplement de l'énergie.

Il est intéressant d'être curieux, de prendre conscience de ses pensées. Non pas des mots, ni du contenu, mais de la sensation elle-même : l'endroit où les pensées et le penseur se touchent. Sentez votre Moi entier, le champ d'énergie que vous êtes, qui bouge et qui change. Il est lié à la Terre et au ciel, à la respiration et aux pensées, aux sons et aux sensations. Remarquez l'union de l'énergie que vous êtes, avec toutes ces énergies qui vous entourent. Il n'y a plus de corps séparé. Plus d'esprit séparé. Plus de Moi distinct. Seulement l'énergie en paix avec elle-même...l'énergie qui se connaît elle-même...l'amour... l'intimité....l'harmonie avec tout ce qui existe. Détendez-vous dans cette énergie.

Revenez à votre respiration maintenant...entrant et sortant de votre *hara*. Concentrez-vous sur votre respiration quelques instants...À tout moment dans la journée, si vous ressentez le besoin de vous recentrer, de revenir en vous-même, hors de votre cerveau surmené, avec ses pensées, ses plans et ses peurs, vous pouvez réintégrer votre *hara* et prendre dix respirations en vous recueillant. Alors, sentez votre être, sentez votre énergie. Tout ce que vous ressentez est bon. C'est tout simplement la vérité de ce qui se déroule ici et maintenant. C'est la présence de l'Être Unique

Notre période de méditation est terminée maintenant. Prenez un moment et remarquez comment vous vous sentez. Il est sans importance que vous soyez en paix ou agité, satisfait ou perplexe, tout ce qui importe est la qualité de votre attention et votre volonté d'habiter votre propre expérience, sans la juger...Lorsque vous vous sentirez prêt, ouvrez les yeux...Félicitations d'avoir pris le temps de méditer. En répétant cet exercice, vous cultiverez un nouveau regard et vous verrez que toute chose fait partie de vous, tout comme vous faites partie de tout ce qui existe. La vie est précieuse. La vie change. La vie jaillit de la Source et retourne à la Source de la Vitalité. Appréciez le don du changement.

Le mot
de la *fin*

Rappels de la sagesse essentielle

Nous espérons que le temps passé en compagnie de ce livre a été, et continuera d'être, une exploration fructueuse de la signification de « dire oui au changement ». La pratique assidue du questionnement et de la méditation, que nous avons explorée ensemble, vous soutiendra sur le chemin du retour vers ce foyer de sagesse éclairée et de compassion qui est votre vraie nature. Nous espérons que les brefs rappels de sagesse fondamentale, présentés dans les pages suivantes, vous aideront à garder votre élan dans cette traversée de l'inconnu, à la rencontre des promesses de la transformation.

La sagesse du passage de toute chose

Il y a un moment pour tout et un temps pour toute chose sous
le ciel.

Un temps pour enfanter, et un temps pour mourir; un temps
pour planter, et un temps pour arracher le plant.

Un temps pour tuer, et un temps pour guérir; un temps pour
détruire, et un temps pour bâtir.

Un temps pour pleurer, et un temps pour rire; un temps pour
gémir, et un temps pour danser.

Un temps pour lancer des pierres, et un temps pour en ramas-
ser; un temps pour embrasser, et un temps pour s'abstenir
d'embrassements.

Un temps pour chercher, et un temps pour perdre; un temps
pour garder, et un temps pour jeter.

Un temps pour déchirer, et un temps pour coudre; un temps
pour se taire, et un temps pour parler.

Un temps pour aimer, et un temps pour haïr; un temps pour la
guerre, et un temps pour la paix

L'Ecclésiaste 3:2 – 3:8
(La Bible de Jérusalem)

La sagesse de l'initiation

Le rite initiatique de passage comporte trois parties : la séparation d'avec un passé révolu; un stade de transition ou liminal, entre ce qui « n'est plus » et ce qui « n'est pas encore »; et un retour vers la communauté en être transformé, après avoir découvert ses talents uniques. Offrir ces dons à son milieu par une vie de services est la pierre angulaire du processus de retour. Quand le changement semble terrifiant, rappelez-vous qu'il est la mère de toute nouvelle vie. C'est le scénario sur lequel nous pouvons compter pour nous ramener au bercail de notre nature essentielle et de notre interconnexion avec la vie dans son intégralité.

La sagesse de la douleur de la perte

La douleur et la perte associées au changement résultent de la dépossession temporaire de notre identité habituelle, ou de notre faux soi. Le faux soi est une image idéalisée de ce que nous sommes, adoptée dans l'enfance pour atténuer la peur associée au rejet possible et au manque d'amour. Lorsque cet ego vole en éclats au cours d'intenses périodes de changements, une ère de grandes possibilités s'ouvre à nous en même temps. Il est plus facile de se montrer vulnérable et réel, et cela peut se traduire par un plus grand désir d'authenticité. Lorsque la perte met en évidence que le faux soi ne peut nous rendre heureux, mais que notre vraie nature est toujours accessible, la motivation de se réaliser grandit. Cela représente l'un des dons les plus précieux du changement.

La sagesse de la transition

La période de transition entre ce qui « n'est plus » et ce qui « n'est pas encore » est porteuse à la fois de périls et d'occasions uniques. Il s'agit véritablement d'un espace sacré. Au cours du rite initiatique du changement, la coquille de l'ancienne vie est fracturée et un espace d'infinies possibilités s'ouvre devant nous. Le chaos inhérent à cette étape inconnue de notre voyage est propice à l'apparition d'événements parfois étonnants. La synchronicité et des alliés, surgis de nulle part, se présentent pour faciliter la guérison et la transformation par des voies aussi inhabituelles qu'imprévisibles. Lorsque la synchronicité survient, ou que des événements insolites se manifestent, soyez à l'affût de la Sagesse du Coyote. À quoi étiez-vous aveugle et que vous pouvez voir maintenant ? À quoi résistiez-vous en raison du mécanisme inconscient des préjugés et des étiquettes toutes faites ?

La sagesse de la nature authentique

Votre nature authentique, cette essence dont les racines plongent dans la conscience universelle, l'Être Sacré, est toujours et éternellement présente en toutes choses. Puisque cette conscience (Dieu, la Présence Divine, la Source de l'Être) est toujours là et accessible — ou comme saint Paul le disait « plus proche que nos mains et nos pieds » — le voyage de retour vers l'état unifié de l'être est instantané. L'instant au cours duquel l'unité est révélée est toujours le même : maintenant. Être dans le moment présent demande de la curiosité, la volonté d'être attentif au déroulement de votre expérience, d'instant en instant, sans tenter d'en modifier le cours. C'est le chemin de la réalisation de votre véritable nature ou de votre essence Divine.

La sagesse de l'auto-réflexion

La sagesse possède trois visages : les habilités intellectuelles, permettant de tolérer le paradoxe et d'embrasser d'un seul regard autant la joie que la douleur ; l'intelligence émotionnelle, qui honore vos émotions en tant que messagers légitimes de votre nature véritable ; et la sagesse de l'auto-réflexion, qui vous permet d'apprendre de vos expériences passées. L'auto-réflexion est l'aspect le plus important, car elle favorise la croissance des deux autres. Nous espérons que vous continuerez de réfléchir aux questions soulevées à la fin de chaque chapitre et que vous y reviendrez de temps à autre, pas seulement individuellement, mais aussi en compagnie d'autres personnes qui rendront le trajet tellement plus agréable et riche en enseignements. Un ami intime peut souvent discerner des schémas qui vous échappent, et ses conseils et son intérêt peuvent vous être très précieux dans le processus d'éveil.

Remerciements

JB : Un livre est un objet vivant, qui puise sa vitalité dans les réflexions et les écrits d'un grand nombre de personnes. Je voudrais rendre hommage au travail de toutes celles que j'ai citées dans ce texte. J'assume l'entière responsabilité de l'utilisation et de l'interprétation de leur sagesse. Si des erreurs ont pu s'y glisser, j'en suis presque assurément à l'origine.

Il y a plusieurs autres personnes que je n'ai pas mentionnées explicitement ici, mais dont l'œuvre m'a profondément influencée. Un merci tout spécial à Sharon Salzberg, pour ses réflexions profondes et judicieuses sur la foi ; à Jon Kabat-Zinn, pour ses 30 années d'enseignements lumineux sur la vie de l'esprit ; et à Oriah Mountain Dreamer pour sa sagesse poétique et son amour. Je tiens aussi à témoigner ma gratitude à toutes ces personnes que j'ai rencontrées en cours de route et dont l'histoire m'a touchée. Dans le but de préserver leur intimité, j'ai modifié la situation, leur genre, l'époque ou les circonstances, de manière à ce qu'il soit impossible de les identifier. Le plus souvent toutefois, j'ai inventé un récit fictif fidèlement inspiré de ce qu'ils m'ont raconté, mais sans m'en tenir aux événements réels.

Mes remerciements particuliers vont à ma plus chère amie et collègue, Janet Quinn, qui a su faciliter ma compréhension du stade liminal du rituel du changement et qui, surtout, m'a aidée à le franchir lors de crises successives qui ont secoué ma vie. Elle a ainsi grandement enrichi ma vision du monde. Elle est bien connue pour avoir popularisé la formule de l'anthropologue Victor Turner, qui décrit la transition comme « l'intervalle de temps entre ce qui ''n'est plus'' et ce qui ''n'est pas encore'' ». À ce jour, trois auteurs-compositeurs ont emprunté l'expression, après l'utilisation que Janet et moi en avons faite dans nos séminaires. Les mélodies ayant pour thème le passage liminal vers l'inconnu représentent un nouveau genre musical en soi, mais ces trois créations doivent leur existence à Janet.

La brève parabole de l'Ange de la Mort de la préface est une version abrégée et dépouillée de celle que j'avais entendue à l'origine. Elle m'avait été racontée par une femme très sage, une merveilleuse conteuse, Eve Ilsen. Je désire lui exprimer ma reconnaissance pour tout ce qu'elle m'a enseigné, pour ses chansons et pour sa merveilleuse présence. Un merci spécial à Jim Curtan, pour son interprétation pénétrante du rôle joué par *chronos* et *kairos* dans le film *Seul au monde*.

Finalement, je veux remercier mon mari et coauteur, Gordon Dveirin. Lorsque je me glissais dans la peau d'une correctrice implacable, il demeurait toujours aimable. Lorsque je m'effondrais et que je perdais la maîtrise de mes moyens, il me laissait m'épancher. Lorsque je voulais renoncer à l'idée fixe de former un *nous* authentique, insistant pour qu'il réécrive ses chapitres afin que sa voix se fonde dans la mienne, il tenait son bout et disait sa vérité. Sa fermeté fut inestimable, autant pour ce livre que pour notre mariage.

GD : Laissez-moi d'abord remercier ma femme Joan et reconnaître son apport dans la réalisation de ce livre, dont elle est de loin l'auteure principale, comme tout lecteur perspicace l'aura aisément remarqué. Elle fut aussi ma muse et mon inspiration. Ce qui la pousse à accepter, jour après jour, de mener une vie dévouée au service inlassable des autres, c'est son cœur qui ne connaît aucune limite et une joie qui sait se frayer adroitement un chemin jusqu'à la peine des autres, ainsi qu'à la sienne, pour apporter la lumière là où elle est le plus nécessaire. Cela fut *ma* joie de l'accompagner dans cette étape de notre voyage, qui maintenant vous inclut, chère lectrice et cher lecteur, que nous désirons remercier de tout cœur.

En effet, en posant le simple geste de choisir ce livre, peu importe les autres bienfaits que vous pourrez tirer de sa lecture ou des exercices de réflexions qui l'accompagnent, vous avez déjà exprimé le mot le plus merveilleux et signifiant qu'il est possible d'adresser à la vie et à ceux qui comptent le plus à vos yeux ; ce mot, par lequel vous accueillez aussi l'ange de la présence, votre nature authentique, qui cherche à briller à travers vous dans les circonstances les plus difficiles de la vie ; ce mot relationnel par excellence est bien sûr, *oui*.

Je voudrais aussi remercier mes maîtres spirituels, même si je ne prétends aucunement avoir rendu justice à la profondeur de leur enseignement. Je tiens à inclure dans ce groupe Hameed Ali, dont le conseil de « laisser ma mère mourir » et ses enseignements merveilleux sur « l'art de tenir les choses avec légèreté » ont été extrêmement libérateurs. Merci à mon ami John Davis, qui a su partager si généreusement ses réflexions profondes sur les rites de passage ; et à tous les autres qui, tels les anges de l'inspiration, ont partagé avec moi les histoires auxquelles j'ai brièvement fait allusion dans ces pages.

NOUS : Écrire un livre est un processus épuisant. Celui-ci nous a pris trois fois plus de temps que prévu et nécessité des compromis significatifs de la part de chacun de nous. Nous tenons à remercier particulièrement Luzie Mason et Kathleen

Gilgannon, qui se sont dépensés sans compter pour abattre les obstacles, nous offrant leur gentillesse et leur soutien à chaque étape de notre parcours. Chris Hibbard, pour ses plats délicieux qui ont nourri nos corps et réconforté nos cœurs. Sara Davidson, écrivaine éblouissante, pour ses encouragements et ses conseils aux carrefours importants. Puis, Reid Tracy, de Hay House, car, sans lui, ce livre n'existerait pas du tout. Merci, Reid, pour la confiance que vous avez placée en nous. Merci à nos réviseurs, Jill Kramer, Shannon Littrell et à toute la maison Hay House — les concepteurs artistiques, les publicitaires et les guerriers de grands chemins que sont les vendeurs — vous faites un travail merveilleux pour répandre la sagesse qui fait de ce monde un meilleur endroit.

Au sujet
des
auteurs

Joan Borysenko, Ph.D possède une formation en sciences médicales et détient une licence en psychologie. Elle a obtenu son doctorat de l'École de médecine de l'Université Harvard, où elle a également poursuivi des études postdoctorales. Elle est cofondatrice et ex-directrice du programme clinique corps/esprit au Beth Israel Deaconess Medical Center à Boston, et elle a été chargée de cours à l'École de médecine de Harvard. Comme Joan est pionnière de la médecine holistique, son travail englobe la créativité, les problèmes qui touchent spécialement les femmes, la guérison par une approche relationnelle, la spiritualité et le dialogue interreligieux. Auteure de 12 livres et de plusieurs cassettes audio, elle rédige une chronique mensuelle « Votre équilibre » dans la revue *Prevention*. Son site web est : **www.joanborysenko.com**. Vous pouvez la joindre à son bureau au numéro suivant : (303) 440 – 8460.

Gordon Dveirin, Ed.D., est président de Dveirin & Associates, une firme de consultants en développement humain et organisationnel. L'objectif de son travail auprès de ses clients d'horizons variés, depuis l'entreprise privée jusqu'à l'Institut Smithsonian, est la facilitation de la collaboration consciente. L'évolution spirituelle de Gordon a été orientée par deux décennies d'études et de pratique de l'approche d'actualisation de soi dite du Diamant, enseignée par A.H. Almaas. Il est présentement architecte stratégique d'un projet de recherches et d'applications pédagogiques d'envergure nationale d'une durée de trois ans, The Nurturing Pedagogy Project, qui aborde les besoins sociaux, émotionnels et spirituels des étudiants de l'école publique, en tant que partie intégrante de leur éducation. Il est aussi le concepteur et animateur du programme de « Leadership humain intégral » de Women's Vision Foundation. Vous pouvez le joindre à son bureau au numéro suivant : (303) 459-0522.

Les auteurs, qui sont aussi mari et femme, sont cofondateurs de Claritas for Interspiritual Inquiry qui offre un programme de certificat d'une durée de deux ans en mentorat interspirituel. Le mentorat spirituel, tel que pratiqué dans les traditions de sagesse établies sous le nom de *direction spirituelle* ou d'*assistance spirituelle,* consiste à accompagner adroitement une autre personne dans sa formation spirituelle, en favorisant chez elle les trois mouvements suivants :

1. **L'alignement** : Établir une connexion personnelle avec la Source de l'Être.

2. **Le discernement** : Distinguer la direction spirituelle authentique, née de cette connexion profonde, des réflexes conditionnés de l'ego.

3. **L'action** : Agir dans le monde avec la spontanéité, la grâce et la sagesse doublée de compassion qui naissent d'une véritable direction intérieure.

Le mentorat est un processus de Présence et d'accompagnement qui aide l'autre à prendre contact avec sa propre direction intérieure. Le résultat idéal, pour ceux et celles qui en bénéficient, est une vie énergique engagée spirituellement et une croissance passionnée vers la plénitude. Une telle existence est propice à un état harmonieux dans lequel l'esprit, le cœur et la main travaillent ensemble pour créer un monde meilleur, tant pour l'individu à la recherche d'une direction spirituelle que pour les êtres qui l'entourent. Si ce programme vous intéresse, prière de communiquer avec : Kathleen@ClaritasInstitute.com.

Pour obtenir une copie
de notre catalogue,
communiquez avec :
AdA
1385, boul. Lionel-Boulet
Varennes, Québec
J3X 1P7
Téléc : (450) 929-0220
info@ada-inc.com
www.ada-inc.com

Pour l'Europe, voici les coordonnées :
France : D.G. Diffusion Tél. : 05.61.00.09.99
Belgique : D.G. Diffusion Tél. : 05.61.00.09.99
Suisse : Transat Tél. : 23.42.77.40

www.AdA-inc.com
info@ AdA-inc.com